顔はあなたの9割を語る

佐藤ブゾン貴子

三笠書房

はじめに

顔は個人情報の宝庫

みなさんの「顔」。

そう、もれなくお一人様一個ついているそのお顔です。実は、**そのお顔には、みなさんの個人情報がいっぱい。**

たとえば、その人の「強み」や「弱み」、「短所」に「長所」、「好物」に「チッって舌打ちしたくなるような嫌いな状況」、「怒りの地雷位置」に「元気の源」など、あげたらきりがないほどの情報が盛りだくさん。

世の中、個人情報は、守秘義務やらなんやらで、「隠せ、隠せ！」といわれているにもかかわらず、**個人情報の宝庫「顔」は、隠すどころか世間に丸出し。**

みなさんが知らず知らずのうちに、個人情報は流出中なのです。

「そりゃ〜、その貴重な個人情報は使わなきゃ損」

というわけで、その個人情報の読み解き取扱説明書（トリセツ）が**「相貌《そうぼう》心理学」**なのです。

ちなみにこちらの相貌心理学、顔で人のよし悪しを判断するルッキズムでもなければ、人のパーソナリティーにひと言物申すものでもありません。

統計学である相貌心理学は、人を差別するものでもありませんし、相貌心理学で理解できるパーソナリティーは、状況や受け止める相手によって様変わりするもの。

たとえば「意志の強さ」は状況によっては「強情さ」にもなり、「繊細さ」は受け止める相手によっては「神経質」となります。

このように多面な性質を持つパーソナリティーは、よし悪しや甲乙の判断をすることができないのです。

だからこそ何よりも大切なことは、状況や受け止める相手によって異なるパーソナリティーの意味を知り、理解することなのです。

このトリセツを読めば、自分をちゃんと理解し、自分を有効活用できる。そして相手を理解することに使えば、相手を活かすこともできるし、お互いにとって良好な関係を築くことだってできてしまうのです。

みなさんの、パッチリ開いたクリクリお目目に、切れ長の細い目、細い鼻筋に、正面から見える耳、ギュッと固く閉まった口にも、張り出した頬骨にだって、みなさんの個人情報、みなさんのパーソナリティーがこと細かく表われているのです。

これらの情報、もちろん使うか使わないかはみなさん次第ですが、これだけは断言いたします。

この秘密情報を使わなければ、みなさんのお顔も、あの人・この人のお顔も、みんなのお顔は「ただの顔」。しかし、秘密情報を使えば、**顔は人生をより豊かにするための「最強ツール」になる**のです。

となれば、何度も申し上げますが、使わなければ損！　なのが、お顔の秘密情報。「うんうん、そうだよね」とうなずいていらっしゃるみなさん、お待たせいたしました。

相貌心理学、「お顔のトリセツ」のスタートです。

佐藤ブゾン貴子

Contents

第2章

この「三つのゾーン」からあなたのタイプがわかる

——「思考」「感情」「活動」あなたはどれが優位？

第3章
顔の形を見るだけでその人の大枠はつかめる
──「輪郭」や「肉付き」から読み取れること

輪郭ですべての要「体力」がわかる 088

コミュニケーションの特徴は頬に浮き出る 107

額にはその人の「思考の傾向」が表われている 115

第4章

顔のパーツを見れば ホンネ・思考までお見通し

——「目」は情報、「鼻」は愛情の窓口!?

第5章

「なりたい自分」になるために〝今すぐできる〟印象操作

――「形から入る」は大アリです！

本文DTP・図版作製　佐藤 純（アスラン編集スタジオ）
図版イラスト　吉村堂（アスラン編集スタジオ）

第1章

顔を見れば、すべてがわかってしまう

正確性は99％！１億人以上のデータに基づく統計学

顔は生きた履歴書

かの有名なエイブラハム・リンカーンの名言「**40歳を過ぎたら自分の顔に責任をもて**」に、ココ・シャネルの名言「**20歳の顔は自然からの贈りもの、30歳の顔はあなたの人生。でも、50歳のあなたの顔はあなたの功績がつくり上げるもの**」。

これらの名言、「顔はあなたの生き様を表わすから、みなさん気をつけなさいよ」と言っているにほかなりません。

おまけに、日本の慣用句には、「顔」に関するものがいっぱい。

たとえば、「顔が広い」とか、「顔をつなぐ」、「顔色をうかがう」に、「何食わぬ顔」、さらに、「顔がつぶれる」など、あげたらきりがありません。

そしてこれらの顔を使った慣用句もまた、人の内面的なことやコミュニケーションのあり方など、その人のパーソナリティーについて述べていることが多いのです。

名言や慣用句が私たちに教えてくれるように、顔にはその人が置かれた環境や状況、生活スタイルによる内面の変化がすべて表われているのです（加齢は別として）。ゆえに、**「顔は生きた履歴書」**。そして、「私、こーゆー生き方をしている者です」っていう「生き様を表わす名刺」なのです。

◇「相貌心理学」が分析するのは、表情でなく〝顔そのもの〟

臨床心理学者、そして精神科医でもあったフランス人、**ルイ・コルマン**によって１９３７年に創始された、フランス発祥の**「１億人の顔の形状データと内面の相互関係を統計的に紐付けた心理学」**、それが**「相貌《そうぼう》心理学」**です。

ドクター・コルマンは、パリで３６０年以上の歴史をもつ、名門サン・ルイ病院で長年精神科長を務め、ナントのサン・ジャック病院では、小児専門の精神科を設立した人物でもあります。

「人間という流動的な生き物を、数字といった一つの価値基準で理解することはできない」との強い信念を貫いたドクター・コルマン。ゆえに今でも数値で表わせないこの相貌心理学は、ちょっと複雑ともいえます。しかし、人の心は目に見えず、複雑極まりないものですから当然です。もし、人の心が簡単シンプルに理解できるものであるならば、心の病などはこの世に存在しませんしね。

目に見える顔の形状と、目に見えない人の内面との因果関係を、1億人ものデータベースをもとに言語化した相貌心理学は、まさに生きた人間の内面を理解するツールといえるものです。

本国フランスでは、コルマンの主だった著書はすべて、フランスで最も権威のある「Presses Universitaires de France（フランス大学出版局）」から出版されており、心理学の一分野としても認識され、ビジネスや教育の分野でも幅広く活用されています。

ビジネスの分野では、人材マネジメントや人材育成に活用されたり、教育の分野では、イメージをコーチングするファッションや美容の学校で、カリキュラムの一つとして取り入れられたりしているのです。

もちろん、一般のコミュニケーションにも多々応用され、フランスの有名雑誌や新聞でも特集されることもある、ポピュラーな学問でもあります。

「顔は内面を表わす」はどこまで正しい？

「顔は内面を表わす鏡」

こちら、相貌心理学の創始者ドクター・コルマンの名言。

顔が、人間の内面の変化を敏感に映し出す鏡であるということです。

そして、

「顔は内面を表わす鏡、自己バロメーター」

こちらが、佐藤ブゾン貴子の付け加え版名言です。

なぜ自己バロメーターかって？　それは、みなさんのお顔をつくり上げるのが、内面の動向によって動く表情筋だからです。

たとえば、嬉しい気持ちに反応して笑顔をつくる筋肉、悲しい気持ちに反応して悲しい顔をつくる筋肉は、それぞれ異なります。そして表情筋も筋肉、ゆえに鍛えれば鍛えただけ発達しますが、使わなければ衰《おとろ》えるのです。

だから、悲しい顔よりも笑顔が多い人は、笑顔になるために使われる大頬骨筋《だいきょうこつきん》や笑筋《しょうきん》が鍛えられ、それに連動して頬の肉付きにプリッとした張りが出たり、口角だってキュッと上向きになったりするのです。

もちろんその逆もあります。使わない筋肉の衰えにともない、肉付きが重力に耐えられずブヨッと下がると、連動して口角も下がり、できあがるのは不満気な悲しい顔、というわけです。


このように、**顔の筋肉を動かすのが内面の感情の動き**。つまりは環境の変化や状況によって自分の感じ方が変われば、連動して動く筋肉が変わり、その結果「顔が変わる」ということなのです。

そして、顔のなかでも、変化しやすいものもあれば、しづらいものもあります。

たとえば、「輪郭《りんかく》」は、遺伝で継承しやすいものなので、なかなか変わりにくいものといわれています。しかしながら、私の個人的見解にはなりますが、多くのお顔を拝見するなかで、太った痩《や》せたということではなく、輪郭もまた変わるものだと感じています。

そしてその逆、変わりやすいものが、筋肉に直接覆いかぶさっている「肉付き」です。

このように、環境によって変わる顔の変化への理解は、ときに本人でさえ気が付いていない自分の内面の理解へとつながります。だからこそ、みなさんのお顔は、現状の自己を確認するバロメーターともいえるのです。

◇「顔」という客観的なデータの活かし方

「顔色をうかがってから」――その顔色をうかがう相手は、上司、妻や夫、親や子どもなど、状況によって様々ですが、誰もが一度は言ったことがある言葉ではないかと思います。

これがまさに、みなさんが何気なく行なっている日常の「顔コミュニケーション」。

そして、**「顔コミュニケーション」は、正答率なんと100パーセント**。

私たちは、誰かと直接的なコミュニケーションを介してモノゴトをうまく運ぼうとする際には、まずは相手の今の心的状況を「顔（顔色）」からうかがって、うまくいくように対応する、というコミュニケーションをとっているのです。

そして、この顔コミュニケーションにおける**「顔色おうかがいミッション」**の成果はどうかというと、内面理解の「正答率」って、100パーセントに近くないですか？

たとえば、相手に言いづらいことを言い出すタイミングの判断。「今じゃないな」と「今だ！」は間違えないですし、いつもとなんとなく雰囲気が違う同僚や友人にかける言葉「何かいいことあったでしょう？」と「何か嫌なことでもあったの？」、この二つの選択も間違えない。これって、**相手の心的状況を「顔」という客観的なデータからキャッチしているからにほかならない**のです。

人間の脳内には、顔認知に特化した処理機能があることも研究結果でわかっています。しかし、当たり前すぎるこの顔コミュニケーションゆえに、みなさんは相手の顔のどんな情報をキャッチして、自分がその判断を下したかまでは掘り下げて考えないと思うのです。

その、みなさんが掘り下げなかった判断理由こそがまさに、**「顔の形状の言語化」**。

1億人の顔の形状と人の内面の相互関係を紐付けて、統計によって分類した相貌心理学の理論を支えるものなのです。

日常の顔コミュニケーションは、みなさんのコミュニケーションの基本です。

ですので、この顔の形状の言語化をちゃんと理解することによって、コミュニケーションや人間関係をよりよいものにしていくことができるのです。

◇「小説の主人公の顔」が想像できるのはなぜか

「神経質そうな顔と聞いて、どんな顔を思い浮かべますか？」という質問をされれば、きっと100％に近い確率で、「細い輪郭」に、「細い目」「細い鼻」「細い口」と、とにかく細さが際立ったお顔の特徴を思い浮かべるのではないかと思います。

きっと、この本を読んでくださっているみなさんも、頭の中で線の細い顔を想像されているはずです。それがまさに「人の印象、みな一緒」といえるゆえんなのです。

そして、みなさんのその想像は、相貌心理学的にいえば、大正解。

相貌心理学では、顔を形づくる輪郭や目鼻立ちの細さは、「感受性の敏感さ」を表わすもの、つまり「繊細さ」や「神経質さ」を表わすものなのです。

相貌心理学における顔の形状の言語化は、言い方を換えれば**「第一印象の分類学」**。

だからこそ、この**「顔の形状の言語化」を逆算して使う**、つまり与えたい自分の印象を言語化し、それを顔の形状に落とし込むようにしていけば、自己マネジメントに大活用することができるというわけなのです。

そして、実は映画やドラマの配役も、「当たり役」というものは、まさに役者の顔と役柄の内面が一致しているだけのことともいえるのです。

つまり配役に感じるよし悪しは、「役者の演じる役柄の顔」と「役者の内面」が、みなさんの顔印象データファイル内で一致しているかどうかによるものなのです。

したがって、一致していれば役柄にのめり込んで共感できますが、一致していなければ、「なぁ～んか違うな」と、観ていてしっくりこないというわけなのです。

「○○って、どんな役やっても△△だよね」というのも、まさに役柄の顔に役者本人の内面が一致していないことがその理由です。

これは小説などの文学作品にも同様にいえることで、素晴らしい作家さんの作品ほど、そこに描かれる人間の内面的描写により浮かび上がってくる顔の形状は、まさにドンピシャ。つまり、読者がみな同じような主人公の顔を想像できるというわけです。

「人を見る目がない人」が見ているもの

「人を見る目がない」――これって単刀直入にいえば、顔をちゃんと見ていないだけです。相手への印象理解が狂うのは、

- 先入観をもって相手を見ているとき
- 顔以外を見ているとき

たとえば、ちょっと想像してみてください。

今からお見合いというシチュエーションです。女性のみなさん、お相手が「サラリーマン」と紹介されるのと「凄腕の外科医」と紹介されるのでは、いくら職業で人のよし悪しを判断しちゃいけないとわかっていても、「そりゃ～無理ですよ」と思いま

せんか？

当然です。医者と聞けば「成績優秀、頭がいい」とか「稼ぐなぁ、金持ち」っていう色眼鏡をかけて相手を見てしまうのは当たり前。だって一般論としたって、医学部卒なんていったら、そりゃ～成績優秀だろうし、高給取りでしょうしね。

男性にしたって、お相手の女性が「海外生活20年の外資系銀行勤務」と「パン好きが高じてパン屋さん勤務」では、違うでしょ？　相手への印象。

前者はなんとなく手厳しそうな女性で、後者はパンのようにふんわり優しそうな女性の印象ではありませんか？

このように、**先入観が入ると、やはり印象理解は狂う**のです。


そして忘れてはいけない、もう一つが、**顔以外を見ているとき**。

たとえば、いくらするのかわからないようなピッカピカに光る高級腕時計とか、ウィ～ンってドアが上に開いちゃいそうな高級車をガン見して有頂天、顔はスルーとなれば、そりゃ～狂いますよ、印象理解。だって顔を見ていないのですから。

そして、まるで冗談のような実話がこちら。短くて結わききれない中途半端なおくれ毛のように、自分の気持ちも中途半端に終わった、題して**「おくれ毛に人生翻弄されて、私の気持ちがおくれ毛事件」**。

手短に話せば、相手のおくれ毛があまりにも素敵すぎて、おくれ毛ばかりに気を取られて結婚。しかし結婚生活が始まれば、相手はおくれ毛でなく生身の人間。「こんな人だとは思わなかった」で離婚です。

しかし、「こんな人だとは……」と言われたお相手も、ある意味災難です。

まっ、「おくれ毛性格診断」なるものがあったならば、二人はお互いにもっとぴったりな人と結婚できたかもしれないですけれどね。

このように、「先入観をもって相手を見ているとき」「顔以外を見ているとき」、これが「人を見る目がない」につながる要因になることは確かなのです。

◇「理解」までが相貌心理学、「判断」するのはあなた

よく言われます、「顔で判断するって失礼ね！」とか「差別だよね！」といった批

判という名のご意見。

しかし相貌心理学は、まったくもって違うのです。

まず、**相貌心理学は統計学ですから、差別などはしておりません。**

そして**相貌心理学は、ルッキズムでもありません。顔に優劣をつけたり、顔の形状に紐付けられたパーソナリティーに文句をつけたり、よし悪しを判断するものでもないのです。**

なぜなら、相貌心理学で理解することができるみなさんのパーソナリティーは、状況や受け止める相手によって、その意味や理解が異なるものだからです。

たとえば「おおらか」という内面は、相貌心理学的に「細かいことを気にしないので寛大、でも同時に大雑把な一面もある」と理解します。

つまり、ある状況下における「おおらかさ」は、細かいことを気にしないのですから、状況や相手が変われば「大雑把」にもなるのです。

大切なのは、どのような状況やどんな相手において、自分のおおらかさが大雑把になり、大雑把さがおおらかさになるのかという理解。そしてこの「理解」こそが、まさに相貌心理学なのです。

このように、パーソナリティーは常にポジティブな側面とネガティブな側面を併せもっているので、よし悪しを判断することができないのです。

そしてまた、**他者のパーソナリティーに対する「いい」「悪い」は、自分が主体の偏《かたよ》った主観的な判断にほかならない**ものなのです。

◇輪郭やパーツの情報を「足し算・引き算」

相貌心理学は、鼻や目などの顔の個々のパーツの形状だけに注目するのではなく、部分同士のパーツの相互関係を見ながら、輪郭の形状や肉付きの形状を掛け合わせトータルで分析結果を導き出すものです。なぜなら、人の顔というのは、ある一つのパーツだけが単体で存在しているというものではないからです。

そして、この掛け合わせによるトータルの分析が、99%の正確性をもつ内面の理解となり、この掛け合わせの分析方法が、私が知る限りの「観相学」や「顔相学」とは異なるところになります。

たとえば、相貌心理学で「目尻の上がり」は「意志の強さ」というものを表わしますが、上がりすぎた目尻、いわゆる「ネコ目」は「意志が強すぎて、自分の考えに固執する」ことを表わすものとなります。

さらにもし、この「ネコ目」が、パーンと張った肉付きの上にあるならば、どうでしょう。肉付きは環境や他者に対する寛容性と順応性を表わす部分です。その部分の張りがパーンとしているということは、寛容性と順応性もパーンと跳ね返されるということ。ですので、固執が強情、つまり、「人の話にいっさい耳を傾けないかたくなさ」となるのです。

一方、柔らかい肉付きと一緒にあるなら、ネコ目が表わす固執が、柔らかな寛容性で緩和され、必要に応じて人の話に耳を傾けることができることを表わします。

このように、**常に顔のパーツを足したり引いたりしながら、トータルにパーソナリティーを理解していく**のが、相貌心理学の分析方法なのです。

顔にはその人の「幸せへの道順」が書いてある

生まれもった顔で人生が決まる――世の中、「美人は得する、そうでない人は損する」と言ったりすることもありますが、果たして本当でしょうかね？

たとえば、異性からの〝ちやほやされ度〟や、〝プレゼントいただき個数〟など、若干の差は絶対にないとは言い切れません。しかし、人生トータルに考えてみると、美人やイケメンみんなが大金持ちになっているとか、順風満帆の生活をおくっているなんてありえないのです。

おまけに、みなさんが思う「美人顔」とは、実は多くの顔を重ねていった「キング・オブ・平均」。つまり**美男美女とは、何か際立った特徴があるわけではなく、たんに平均的なお顔であるということなのです**、いわゆるド安定顔。

こちら、イギリスの統計学者フランシス・ゴルトンの「平均顔仮説」といって、様々な人の顔写真をどんどん重ねていくと、それぞれの特徴は打ち消し合って消えていき、どんどん平均的、つまりは一般にいわれる「美人顔」になっていくという説です。

ですので「どうせ、私なんて」とお思いのみなさん、朗報です。

おおむね、重なりの少ないみなさんの顔こそが、今世紀の「新生美形類」ってことなのです。

それに、ビジネスの成功や偉業の達成、輝かしい功績、そして華々しい人生に、顔の美醜《びしゅう》はまったくもって関係ありません。世の中、絶対数からしても、美男美女ばかりがお金持ちなんてこともいえませんしね。

ないない、顔がいいからお金持ち、人生順風満帆。

ちなみに、相貌心理学での「美容整形」への考え方ですが、整形後のお顔を本人が気に入れば、整形後のお顔に内面が近づくといわれております。

◇「適性」を「適正」にできれば人生の悩みは消えていく！

「〝適性〟は、的確な環境がなければ〝適正〟にはならない」——みなさんのご相談をお聞きするなかで、私が毎回、みなさんにご説明することです。断言できます、**「才能」や「適性」がない人はいません**。ただ、「適性」が「適正」になる的確な環境に本人がいないというだけのことなのです。

たとえば「人とのコミュニケーションが上手」といっても、「不特定多数の相手とのコミュニケーションが上手な人」もいれば、「一人の相手と向き合うコミュニケーションが上手な人」もいます。

世の中では、「社交的」という言葉について、質よりも量を重視し、「多くの知り合いがいれば、社交的」というような間違った解釈をしがちです。しかし、**社交的とは「積極的にお互いが心地いいと感じるコミュニケーションができること」**なのです。

ですから、1000人の知り合いがいても、相手を疲弊《ひへい》させるコミュニケーションをする人は決して社交的ではなく、逆に、たった一人とでもお互いにとって心地いいコミュニケーションをとることができるならば、その人は素晴らしい社交性の持ち主なのです。

職業選択においては、この「適性が適正になる的確な環境の理解」がとても大切です。なぜなら、それを間違えれば、本領を発揮するどころか、得意なことさえも不得意と感じ、自己肯定感を下げることにもなりかねないからです。

「変わりたいのに変われない」

それは、「変わり方を理解していないだけ」。

「何をやってもうまくいかない」

それは、「自分の〝適性〟が〝適正〟になる的確な環境を理解していないだけ」。

「人とうまくコミュニケーションがとれない」

それは、「自分のコミュニケーションスタイルを理解していないだけ」。

みなさんのこれらすべてのお悩みに、相貌心理学がお役に立てます。まさに相貌心理学の得意分野だからです。

なぜなら、すべての答えがみなさん一人ひとりのお顔にあるから。

つまり**みなさんのお顔は、その人それぞれの幸せ感や満足感を感じるための道順が描いてある地図**でもあるのです。

第2章

この「三つのゾーン」から あなたのタイプがわかる

「思考」「感情」「活動」

あなたはどれが優位？

各ゾーンの大きさが示す、その人の「原動力」

相貌心理学では、顔を「思考」「感情」「活動」の三つのゾーンに分け、どのゾーンが最も拡張している（＝面積が広い、印象に残る）かを見ていきます。

なぜなら、このゾーンの広さによるお顔のタイプ分けから、みなさんの原動力の源、「何によって満足感を得られるか」や「何に対して心痛やストレスを感じやすいか」ということが理解できるからです。

ゾーンの区分は、額の一番上から目の下までが、思考活動に関することを理解できる**「思考ゾーン」**。目の下から唇の上までが、感情を介するコミュニケーションや愛情に関することがわかる**「感情ゾーン」**。唇の上から顎《あご》先までが、行動や本能欲求に関することがわかる**「活動ゾーン」**になります。

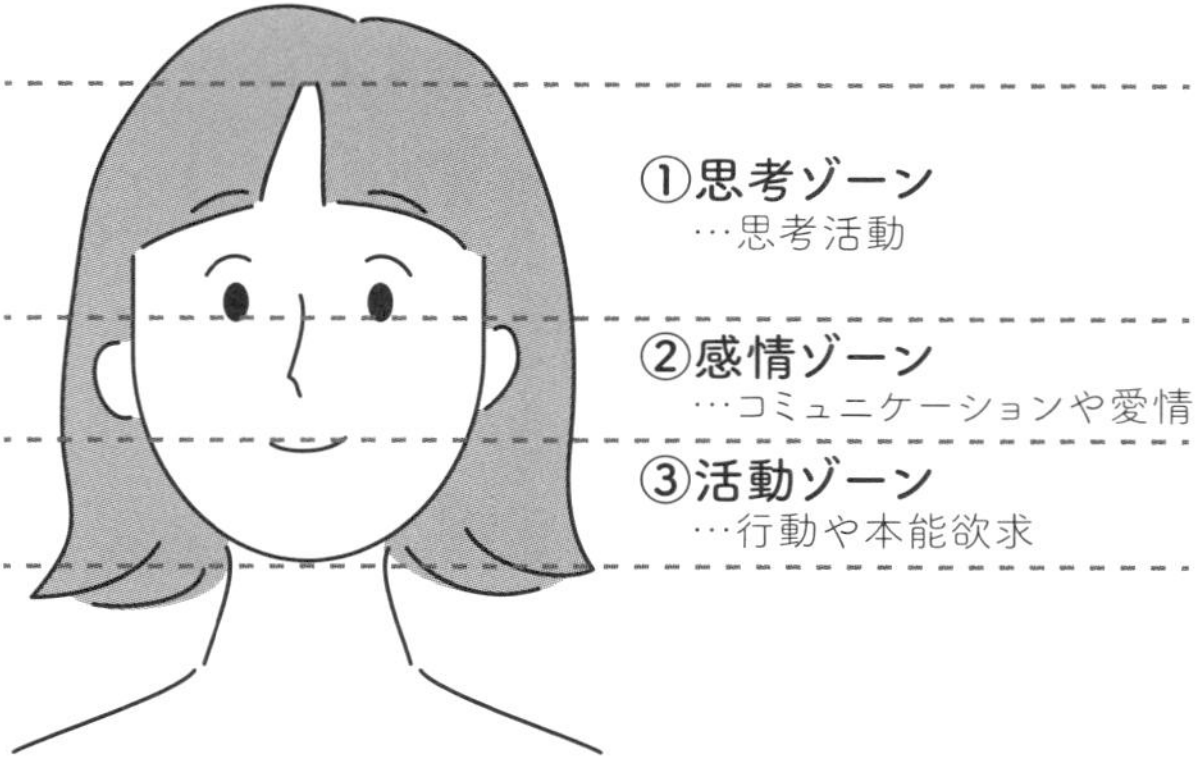
①思考ゾーン
…思考活動
②感情ゾーン
…コミュニケーションや愛情
③活動ゾーン
…行動や本能欲求

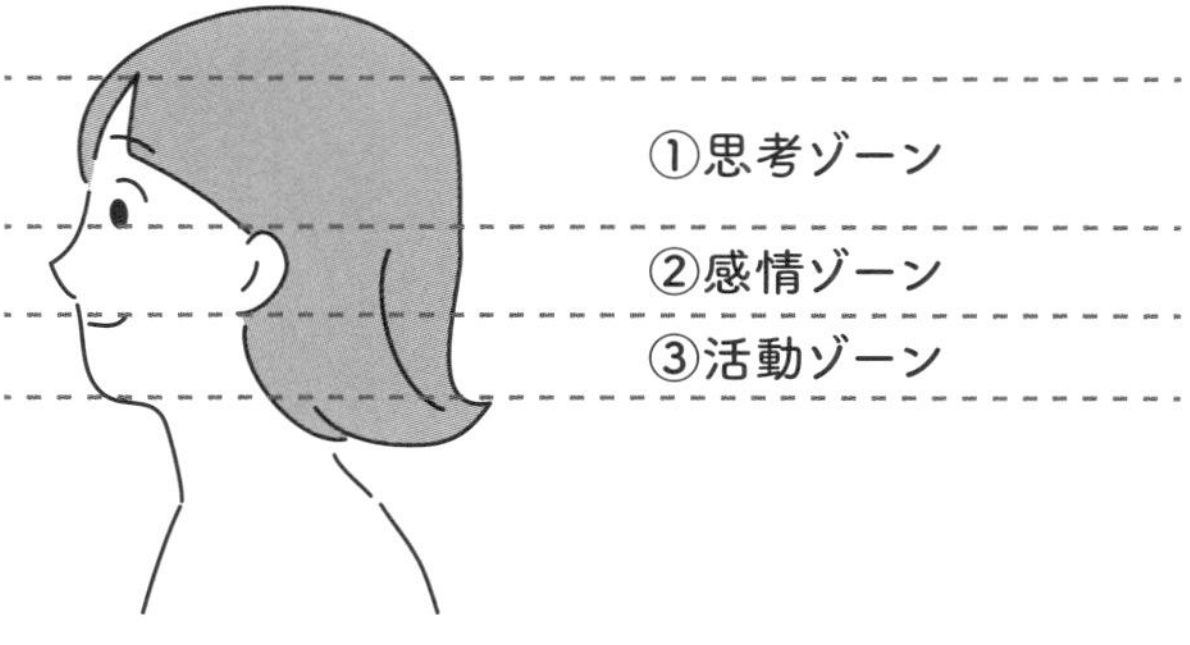
①思考ゾーン
②感情ゾーン
③活動ゾーン

では早速、手始めにご自分の顔からチェックです。

前ページで示した各ゾーンの大きさに基づき、広い額が印象に残る、形状でいえば逆三角形タイプが、**思考ゾーンタイプ**（41ページ参照）です。頬骨が張り出しているなど、顔の中心部分に印象が残る、形状でいえば六角形タイプが、**感情ゾーンタイプ**（45ページ参照）。そして、顎回りがどっしり大きく、形状でいえば台形タイプが、**活動ゾーンタイプ**（49ページ参照）となります。

正面の顔からすぐにタイプを見極められれば、それでかまいませんが、見極めが意外と難しい場合もあります。その際は、次のようなポイント制で判別していきます。

①まず正面から見て、どこのゾーンの面積が広いかを見ます。そして、広いゾーンに1ポイント。ただし、活動ゾーンタイプは例外。顔の形状が下に行くほど広がった末広がりの台形ならば、活動ゾーンタイプに確定です。

②次に、横から見てどのゾーンの高さが高いかをチェックし、1ポイント入れます。

③もし、正面と横顔のポイント数が同じで引き分けの場合、耳の穴から上下にまっすぐ線を引いて、頭部を前後に分け、その前後比率を見ます。前：後ろ＝1：1なら

思考ゾーンに1ポイント、2：1なら感情ゾーンに1ポイントを追加で入れて、自分の顔タイプを判断しましょう（左図参照）。

ちなみに、③の前後比率でわかるのが**想像力の豊かさ**。実は幼児のときの前後比率は1：1。つまり1：1の方は、大人になっても柔軟な、枠にとらわれない豊かな想像力をもっていることを表わします。アーティストによく見られる形状の一つです。

それでは早速、次のページから、各タイプごとの特徴を見ていきましょう。

思考ゾーンに＋1ポイント
豊かな想像力

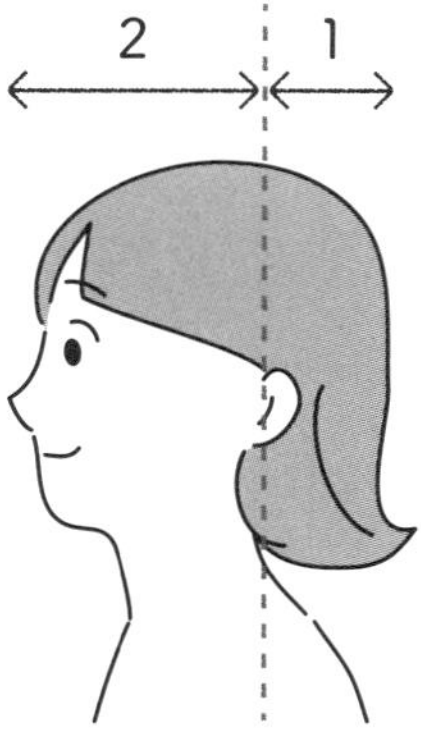

感情ゾーンに＋1ポイント

◇ 思考ゾーンタイプ …この「知的好奇心」を満たして！

知的好奇心が旺盛、**理想主義者な「思考ゾーンタイプ」**は、想像力を豊かにする知識や教養、目から入る視覚的情報にこだわり、モノゴトの判断基準は**「知的好奇心を満たすか・満たさないか」**になります。

自らの知識や教養に対して、とても高いプライドをもつ思考ゾーンタイプは、相手に知ったかぶりをされることをとても嫌います。

このタイプには、知らないことは「知らない」と正直に言うのが、円滑なコミュニケーションを育むうえで何よりも得策。自分のもっている知識の披露が大好きでもある思考ゾーンタイプは、相手が「知らない」となれば上機嫌で、こちらが「もう結構です」と言うまで詳しく説明してくれるはずです。

そして思考ゾーンタイプは、とても豊かな想像力の持ち主。ゆえに根も葉もないことを根拠に想像を膨らませすぎて、妄想や空想にひた走ってしまうこともあります。

思考ゾーンタイプ

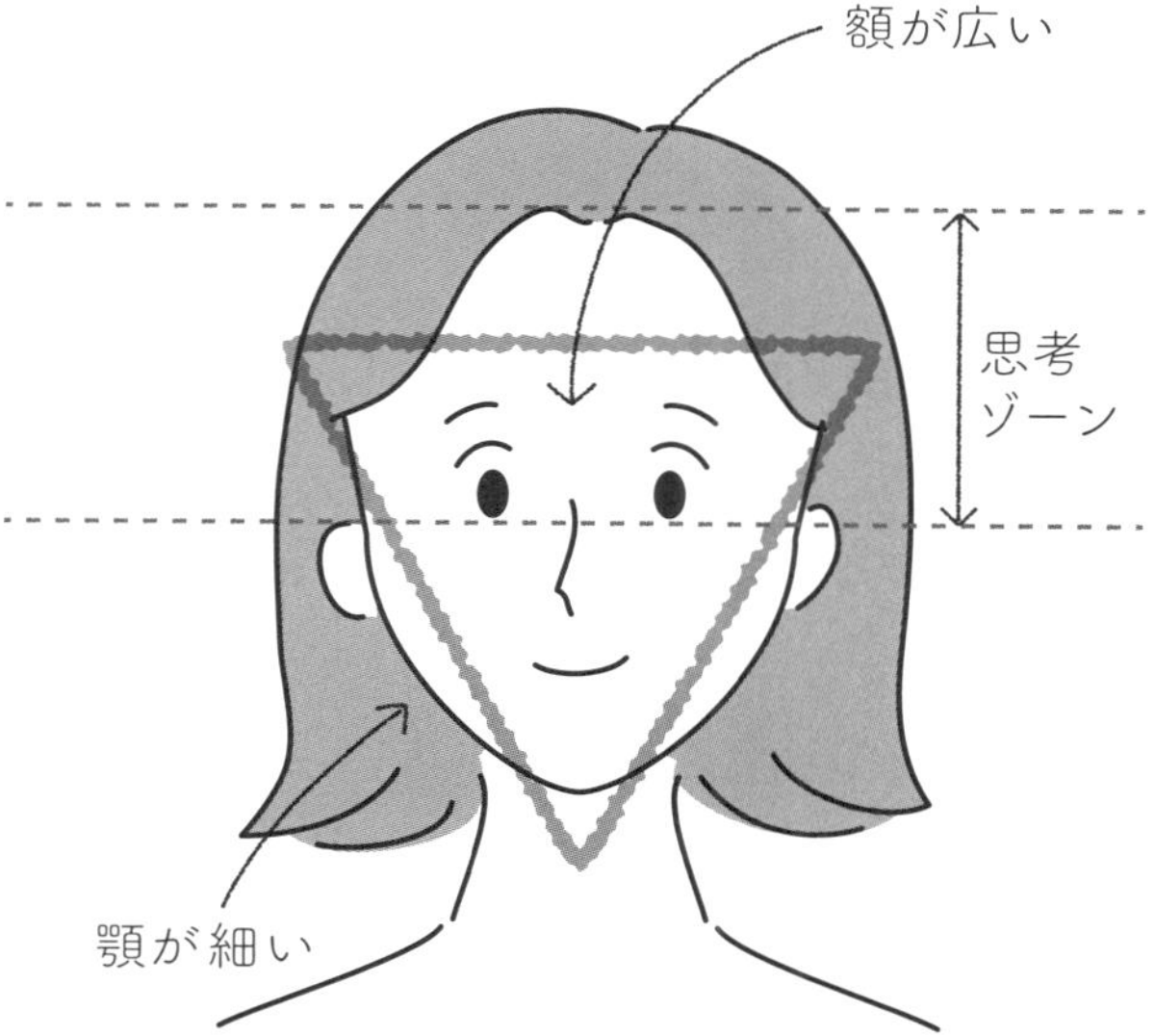

形状：逆三角形

たとえば、自らをこれでもかというほどに、想像だけで過大評価、「俺様は殿様」発言をしたり、逆に根拠のない理由で自信喪失、深い闇の世界に入り込み、重い足枷《あしかせ》を次から次へと自らにはめ、一人で地底奥深くまでズブズブと潜り込んだりします。

これは、**現実よりも頭で思い描く想像の世界を重要視している**から。だからこそ高い理想を掲げ、独創的な発想で0から1を生み出す、素晴らしい創造力の持ち主であるといえるのです。

知識や情報による知的好奇心への刺激が、モチベーション向上の源である思考ゾーンタイプは、理想よりも「金、金、金」というようなタイプの人に対して、嫌悪感をあらわにします。

想像が膨らみすぎて、現実との接点を見失いがちですが、輪郭の唇から上の形状が真四角か真ん丸タイプなら大丈夫。現実との接点がしっかりしているので、思い描く想像も現実的なものといえます。しかし、輪郭が細いタイプならば、思い描く想像と現実との接点を常に意識することが、理想実現には必要不可欠となります。

また思考ゾーンタイプは、**何事も言葉で理解しようとする**ので理屈っぽさが否めず、知的なロジカルさが、ときに口うるさい印象をまわりに与えがちです。
恋愛には、独自の世界観や価値観を相手にも求めるタイプです。

◇ 感情ゾーンタイプ …何事も「共感」が大事だよね！

他者との感情の分かち合いを求める**共感主義者な「感情ゾーンタイプ」**は、高まるエモーション、情熱、思い……とにかく「感情」というものにこだわり、モノゴトの判断基準は「好き」か「嫌い」かになります。

感情がとても豊かで情熱的なこのタイプは、**相手の感情に寄り添うことが何よりも大切。**自分と相手との共通点を見つけたり、相手が自分を理解してくれていると感じると、一気に距離を縮めてきます。

しかし感情の距離間を測るのが苦手なのもこのタイプ。「私が嬉しいんだもん、あなたも嬉しいに決まってるよね？」と、ついつい相手に自分の感情を押し付けがちです。

またこのタイプ、承認欲求がとても強く、自分の存在価値を称賛される他者からの言葉、**「あなたのおかげ」、「ありがとう」がモチベーション向上の源。**逆に存在価値を否定されるような「無視」が、何よりも心を蝕《むしば》む原因となります。

行動や思考のすべてが感情に左右されるので、嬉しいときはすべてがバラ色、思考も活発、行動も積極的です。

ただしその逆、悲しいときはすべてが暗闇、行動や思考も消極的になります。

しかし気分屋なので、落ち込んでいても「どんな雲の上にも青い空があるからさ」などといった、**感情を揺さぶられるような言葉に励まされる**と、「そうだよね！」と一気に元気になったりするのです。

そして感情ゾーンタイプのもう一つの特徴が、**「優しさ余っておせっかい」**。ただ、輪郭が細い感情ゾーンタイプは、誰にでも優しく、おせっかいというわけではなく、「自分で選んだ相手、環境内」という制限がつきます。そのため孤独にも強く、自分が選んだ相手以外には興味がないので知らんぷり。感情豊かな感情ゾーンタイプですが、まわりから冷たく見られることもしばしばです。

一方、輪郭の唇から上の形状が真四角か真ん丸型の感情ゾーンタイプならば、一人は絶対に無理。孤独に弱く、いつでも誰かと一緒でなければなりません。まわりから

感情ゾーンタイプ

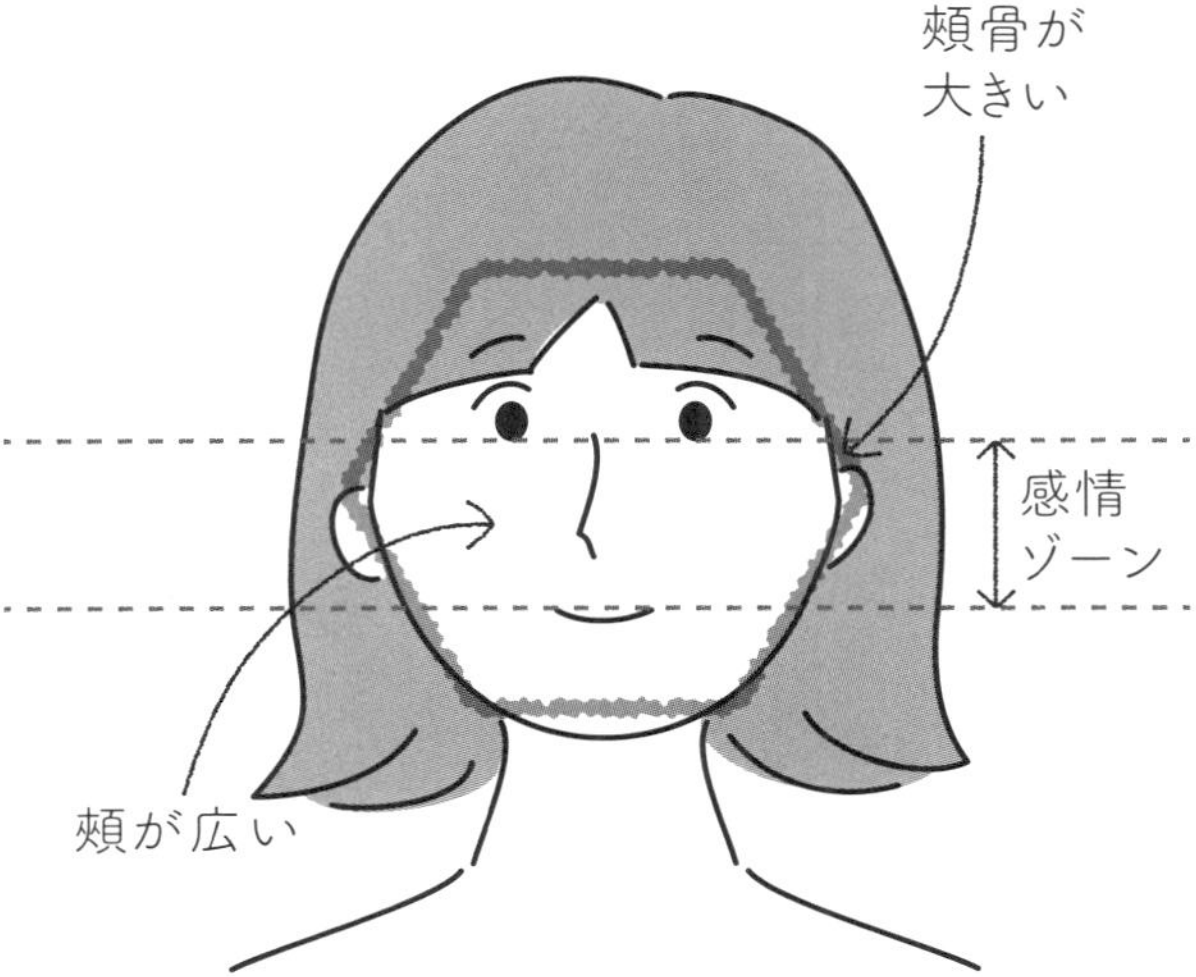

形状：六角形

いい人に見られたいという欲求が強く、「みんなが好きなら私も好き」、「みんなが嫌いなら私も嫌い」というように、自分の考えや思いよりも、まわりの意見に同調しやすいところがあります。

感情ゾーンタイプは、ワクワク、ドキドキ、感情でモノゴトを判断するので、主語がない文脈がお得意。感情表現が豊かともいえますが、ときに周囲に、しっちゃかめっちゃかな印象を与えがちです。

恋愛には、「言わなくてもわかるでしょ」と、以心伝心的な感情の共感を相手に求めます。

◇活動ゾーンタイプ…「確かに存在するもの」を信じます!

直接目で見える、手で触れる、つまりは現実に存在するモノに価値を見出す**現実主義者の「活動ゾーンタイプ」**は、自分への実利、メリットにこだわります。

モノゴトの**判断基準は「使える・使えない」「数字が多い大きい・少ない小さい」**になるので、ときに打算的な印象を与えがちです。

「お得」が大好きな活動ゾーンタイプは、ポイント還元や割引情報などのお得情報については誰にも負けません。

また、まどろっこしい説明やうんちくが苦手なこのタイプ。このタイプに何かを伝えたいならば、まずは結果や結論から話すことをおススメします。そして活動ゾーンタイプは、お金が大好きな実利主義者。ゆえに三つの顔タイプのなかで、一番お金儲けが上手ともいえるのです。

接触によるモノ（者・物）とのコミュニケーションが得意で、手先が器用な活動ゾーンタイプは、ＤＩＹや動植物のお世話も大得意です。そして、目の前に「１」さえあれば、１を２に、２を３に……といった展開力に素晴らしく長《た》けているのも特徴です。

実は相貌心理学では、活動ゾーンのことを**「本能ゾーン」**といいます。私がセミナーを開催させていただくなかで、「本能ゾーンは性欲が強い」と、本能という言葉だけに敏感に反応して想像を膨らませる方が多くいました。

参加者の方に「あなたは、本能ゾーンタイプですね」などと言おうものなら、その人は不満度マックスでお顔はリンゴ色。ということで、お顔のリンゴ化現象を避けるために「活動ゾーン」に改名したわけです。

とはいえ、やはり本能に関することに敏感な活動ゾーンタイプは、ほかのタイプよりも生きる力、バイタリティーがあるといえるのです。

活動ゾーンには口があります。ですので、本能欲求である「食欲」を満たす、「食べる」ことが大好き。**活動ゾーンタイプは、「食は口で愛《め》で」ます。**そう考えると、**思考ゾーンタイプは、「食は目で愛で」**、何をどこで食べるかよりも誰と食べるかが重要な**感情ゾーンタイプは、「食は相手を愛でる」**ものといえるのです。

現実に価値を見出すこちらの活動ゾーンタイプは、理想もまた常に現実をもとに描かれるので、堅実、実現可能なものとなります。

もし、輪郭の形状が真四角か真ん丸型の活動ゾーンタイプならば、現実との接点は明確。超現実主義者になり、「夢じゃ、飯は食えないね」というタイプになります。逆に、輪郭が細い活動ゾーンタイプならば、想像力の創造性と展開性のバランスがよく、「豊かな発想力も現実離れしないもの」となります。

ちなみに活動ゾーンタイプの人へ、本能欲求が不満足なときにお願い事をするのはNGです。逆に何かをお願いするときは、本能欲求を満たすアプローチが効果大。恋愛でもやはり、実生活での実利「料理が上手」や「貯蓄上手」を相手に求めます。

活動ゾーンタイプ

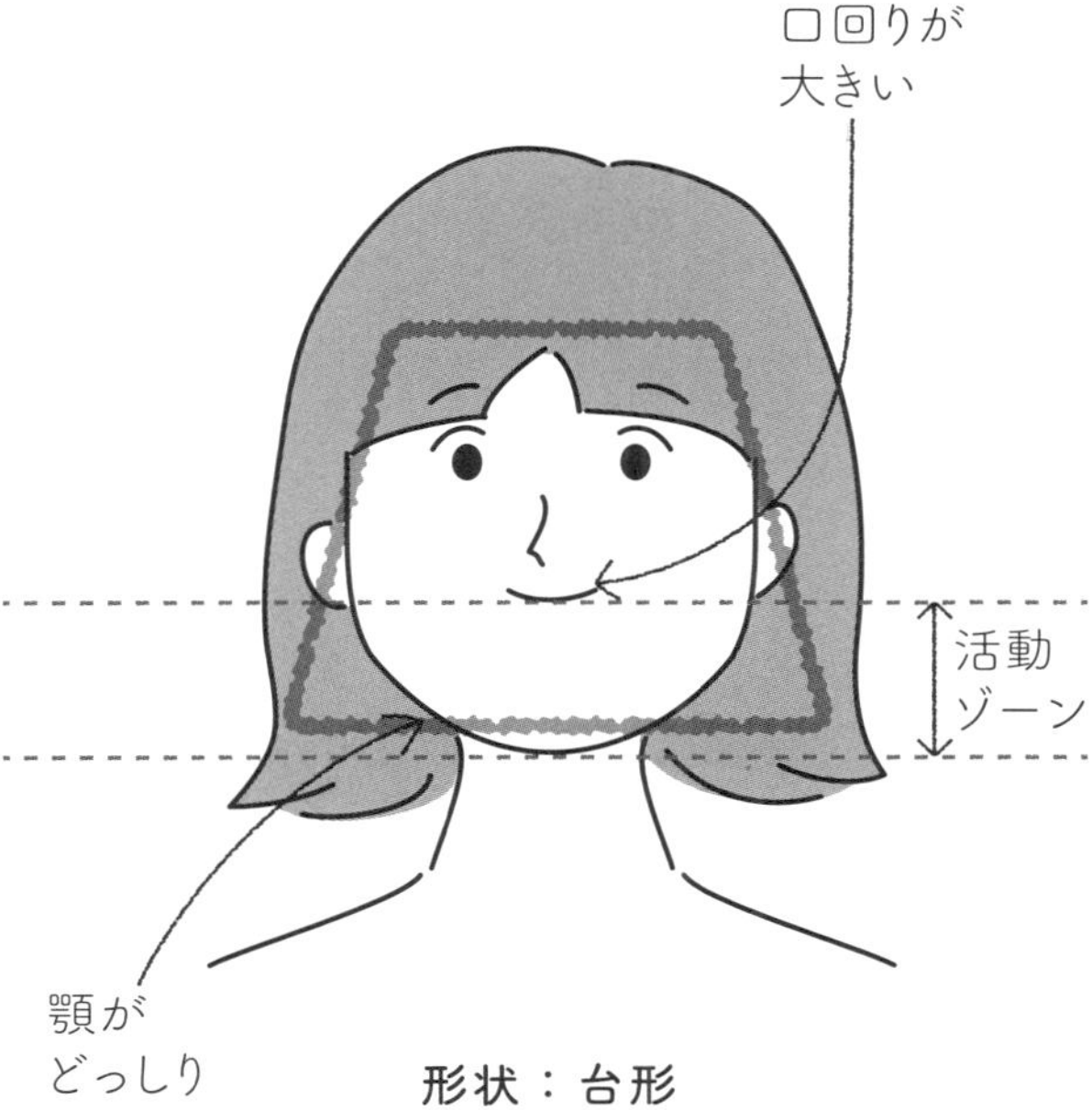

形状：台形

顔タイプがわかりにくいときには…
この「秘密の質問」

顔を見ただけでは、顔タイプがわからないこともあります。

そんなときの裏技をご紹介。次の質問の答えから、あなたが、そして目の前のお相手が何ゾーンタイプなのかが丸わかりです。

一つの質問をするだけでもタイプが見えてきますが、五つ全部の質問に回答してみると、自分やお相手のタイプがよりはっきりとわかってきますので、是非トライしてみてください！ (回答傾向とタイプは54ページをご参照くださいね)

質問1 「一緒に行くレストラン、どこがいいかな？」

A 「内装が凝《こ》っている○○がいいな」

B「これから流行りそうな、隠れ家的な○○がいいかな」

C「一緒だったら、どこでもいいよ」

D「私もあなたもお肉好きだから、焼き肉にしようよ」

E「ハッピーアワーで、生ビール150円の○○がいいよ」

F「ポイント還元率が高い○○がいいな」

質問2「パートナーにはどういう人がいい？」

A「良妻賢母だよね」

B「平日はしっかりお仕事、休日はマイホームパパな人がいいよね」

C「優しい人がいいな」

D「楽しいとか悲しいとかを、一緒に共有できる人がいいな」

E「料理が上手な人がいいな」

F「貯蓄上手な人がいいよね」

質問3

「新しい掃除機を買おうと思うんだけど、どういうのがいいかな？」

A「掃除機に見えない、スタイリッシュなデザインの○○がおススメ」

B「ドイツの工学博士がつくった○○がいいよ」

C「みんなが使っている○○がいいと思うな」

D「私が好きな○○くんが宣伝している○○がおススメ」

E「省エネなのに、吸引力はメガ級の○○だね」

F「コンパクトにたためて場所もとらない、おまけに値段もコンパクトな○○がいいよね」

質問4

「なんでアパレルブランドの○○が好きなの？」

A「オーガニックコットンや草木染め、すべてナチュラルにこだわっているからね」

B「コンセプトを聞くだけで、服以上の世界観をイメージできるからだよ」

C「だって、〇〇がイメージキャラクターだもん」

D「着ているだけで、元気が出ちゃうから」

E「着心地がいいからね」

F「ほかで同じ質のものを買ったら倍はするからね」

質問5 「どんなテレビ番組が好き？」

A「クイズ番組」

B「旅行番組」

C「恋愛系韓国ドラマ」

D「歌番組」

E「バラエティー番組」

F「3分クッキング」

どうでしたか？

AもしくはBと答えた方、AやBの回答が多かった方は、知識への刺激を好んだり、理屈・理想にこだわりの強い**思考ゾーンタイプ**です。

CもしくはDと答えた方、CやDの回答が多かった方は、共感や感情の共有にこだわる**感情ゾーンタイプ**。

EもしくはFと答えた方、EやFの回答が多かった方は、効率やお得感など、現実的な実利にこだわる**活動ゾーンタイプ**です。

このように、何気ない日常の会話のなかにも、実はみなさんのパーソナリティーが色濃く表われているものなのです。

会話中のこの秘密情報を理解しているか、していないかでは、コミュニケーションは雲泥の差。なぜなら、会話から相手の内面傾向を理解できれば、初対面の相手や苦手な相手との会話、さらには気になるお相手のハートをズキューンと射止めるのにだって、大きなアドバンテージになりますからね。

「あの人」との相性だって顔タイプでわかる！

つくれる「相性のよさ」、活かせる「相性の悪さ」――。

それが相貌心理学の**秘技**なのです。

人とのコミュニケーションにおいて、自分が相手の何に居心地のよさや楽しさを感じ、何に嫌悪を感じるかは、人それぞれ。したがって、自分と相手との相性によし悪しを感じるのは当然なことです。

しかし、もし自分と相手が何に楽しさを感じ、何に嫌悪を感じるのかを理解できるならば、話は別。なぜなら、**どんな相手であっても、お互いにとって居心地のいいコミュニケーション＝「相性のよさ」をつくることができる**からです。

人は、お互いが自分にない考え方や行動、異なる価値観をもっているときに、「合わないな」「なんか違うな」と居心地の悪さを感じて、その結果、「相性が悪いな」と思うわけです。

しかし、この「相性の悪さ」も、視点をちょっと変えて考えてみると、実はお互いがお互いにないものをもっている「ギブ・アンド・テイクな関係」。つまり、お互いを補い合える関係になれる可能性を秘めているともいえるのです。

◇相性の「最悪」と「最強」は紙一重

では、「相性がいい」とは？

それは、考え方や感じ方、行動の仕方などが似ているので、一緒にいて居心地がいいと感じることです。

居心地がいいという視点から三つの顔タイプの相性を見ると、**相性が合うのはタイプが同じ者同士**。それは、拡張ゾーンが一緒だと「満足感を得るもの」や「嫌悪感を抱くもの」が一緒だからです。

しかし、まわりにいるみんなが、いつも自分と同じゾーンが拡張しているとは限らないのが現実。「こりゃ、困った」とお思いのみなさん、心配はご無用です。ここぞ相貌心理学の出番！　みなさんのお役に立てるからです。

先ほどご説明したように、「相性が悪い」というのは、相手が自分にない考え方や行動、異なる価値観をもっているので、一緒にいると居心地が悪いということ。だからこそ、お互いにないものを補い合える関係になれます。

たとえば思考ゾーンタイプは、0から1を生み出す独創的な想像力に長けていますが、そのぶん、現実との接点があいまいで、夢見がち。現実的な価値であるお金よりも理想優先。となれば、お金を稼ぐのがあまり上手とはいえないタイプなのです。

ですので、思考ゾーンタイプにおススメしたいパートナーは、現実に足がしっかりとついた、理想よりも現実的価値優先の活動ゾーンタイプ。

一見、夢を追う理想主義者と、お金を稼ぐのに貪欲《どんよく》な現実主義者の二人は水と油。最悪な組み合わせとも思えるこの二タイプは、実は**足りないものを補い合える最強コンビ**ともいえるのです。

このように、ビジネスをはじめ、大切なパートナーとの関係も、一見相性が悪そうに見えがちな組み合わせこそが、実はお互いが補い合える関係、「相性のいい関係」

となることもあるのです。

そう考えると「あの人、超ニガテ」と思っている斜め向かいの席の○○さんこそが、実はあなたのベスト・パートナーかもしれませんよ。

◇今晩試したい！　特製☆顔タイプ別「好相性」レシピ

ところで、料理とコミュニケーションはどこか似ていると思うのです。

なぜなら、料理もコミュニケーションも、**ほんの少しの技（隠し味）で、できあがりがまったく異なる**からです。

たとえば料理は、「ゲッ、まずい」と食べられなかったものでも、隠し味一つで「美味しいから、もっと食べたい」に大変身させることができます。同様にコミュニケーションもまた、「ゲッ、無理」と思う相手でも、技一つで「もっと一緒にいてもいいかな」と感じさせることができるのです。

ということで、料理もコミュニケーションも不得意なみなさん、心配はご無用です。

相貌心理学の秘技「顔タイプ別『好相性』レシピ」で、みなさんの「ゲッ、無理」を

「もっと一緒にいたい……」に調理開始です。

自分が**思考ゾーンタイプ**で、相手が**感情ゾーンタイプ**なら、自分がコミュニケーションに求めるものは、理想を刺激する知識の交換や、理論立った内容の会話。しかし、相手が求めるのは共感や感情の共有です。会話のなかに「楽しい」「嬉しい」などといった、**自分の感情を表現する言葉をつけ加えること**を心がけてみてください。これだけでも会話が生き生きとしたものになり、感情豊かな印象を相手に与えられるはずです。

自分が**思考ゾーンタイプ**で、相手が**活動ゾーンタイプ**なら、自分がコミュニケーションに求めるものは、理想を刺激する知識の交換や、理論立った内容の会話。しかし、相手が求めるものは、現実に即した自分の身の丈に合った理想論や、実利、モノゴトの実用性です。自分の会話の内容が、現実離れした夢物語にならないように、**常に現実との接点を意識すること**を心がけて話してみてください。相手は、あなたの発想の面白さに好奇心がくすぐられるはずです。

自分が**感情ゾーンタイプ**で、相手が**思考ゾーンタイプ**なら、自分が相手に求めるものは、「楽しい」「嬉しい」といった感情の共有や共感。しかし相手が求めるものは、理路整然とした文脈の会話です。**感情が先走って支離滅裂な会話にならないよう**心がけてください。これだけでも、相手はこちらの話が理解しやすく、好印象を抱くはずです。

自分が**感情ゾーンタイプ**で、相手が**活動ゾーンタイプ**なら、自分が相手に求めるものは、「楽しい」「嬉しい」といった感情の共有や共感。しかし相手が求めるものは、「実利」「メリット」などの現実的な価値です。たとえば、相手がほしいものが安く購入できるお店の情報やポイント還元情報など、**話の内容に相手へのメリットを盛り込むこと**を心がけてください。相手はあなたの情報に大満足し、あなたに好印象を抱くはずです。

自分が**活動ゾーンタイプ**で相手が**思考ゾーンタイプ**なら、自分が相手に求めるものは、「実利」「メリット」などの現実的な価値。しかし相手が求めるものは、理想を刺激する知識の交換や、理論立った内容の会話です。話の内容が「金、実利、メリット」と貪欲に走りすぎないようにすることを心がけ、「理想より金」ではなく**「金より理想」の話題を意識**してみてください。理想論を現実的な視点で話すあなたに、相手の好奇心が刺激されるはずです。

自分が**活動ゾーンタイプ**で相手が**感情ゾーンタイプ**なら、自分が相手に求めるものは、「実利」「メリット」などの現実的な価値。しかし相手が求めるのは共感や感情の共有です。ただたんにモノゴトのメリットを話すのではなく、その**メリットに対する感情を表現する言葉**「得した感が、嬉しい」や、「一緒に得したらもっと楽しい」をつけ加えることを心がけてみてください。相手は、感情へのワクワク感などの刺激が大好き。あなたに好印象を抱くはずです。

このように、ほんの少しのことに気を配るだけで、コミュニケーションは料理のようにガラッとテイストを変え、お互いに居心地がいい＝「相性がいい」と感じられる関係性をつくり上げることができるのです。

◇顔別×場面別　相手の心を射止める決めゼリフ

ハートを射止めたいあの人へのアプローチ、上司へのごますり、面倒なママ友とのアタリサワリアル会話……。「ここぞ！」というときのひと言は、誰もが失敗したくはありません。

それこそ、**「ヤリテ詐欺師に学ぶ、相手をイチコロフレーズ」**なるものがあるならば、最強であることは確かですが、残念ながらそれは超裏技、レアすぎます。

ということで、レアはレアでもこちらは学術的根拠あり、フランス製相貌心理学の秘技をまたまたご紹介いたします。この秘技を携えていれば鬼に金棒、虎に翼、相手の心をわしづかみにして、大金星間違いなしです。

それでは、各顔タイプに効果テキメンな言葉を、秘技ですからこそっとご紹介いたします。題して、**「顔タイプ別、ここぞのときに相手の心を射止める決めゼリフ」**！

プレゼントのお礼を伝えるとき

思考ゾーンタイプ…自分の美意識の高さへの称賛、「ほかの人と自分は違う」感を相手に求めます。

⬇「さすがのチョイスに脱帽、普通の人じゃ選べないセンスだよ」

⬇「センスの詰め合わせのようなプレゼントに、驚きと感激でいっぱいです」

感情ゾーンタイプ…自分が込めた想いへの共感を求めます。

⬇「私も、この○○が好きだったの、嬉しい！」

⬇「私がほしかったものがわかるなんて、以心伝心すぎる！」

活動ゾーンタイプ…目に見える現実的価値への理解や対価を相手に求めます。

⬇「これ、高かったでしょ!?　嬉しい」

⬇「お礼に○○をあげるね」

褒めるとき

思考ゾーンタイプ…相手の知識や教養に対する高いプライドをくすぐる褒め方が効果的です。

➡「このアイデア最高！　独創的な世界観をもつ○○さんしか思いつかないよ」

➡「さすがの教養、知識量がものをいう結果だよね、すごい」

感情ゾーンタイプ…相手の存在価値を称賛し、承認欲求を満たしてあげることが効果的です。

➡「こんなにすごい友達がいるなんて、私、超幸せ」

➡「○○さんだからこそできたことだよ、すごいね」

活動ゾーンタイプ…相手の実利主義を褒めるのが効果的です。

➡「結果は必ず自分へのメリットにするって、さすがだよ」

➡「『実現できない夢はない』って、○○さんのためにあるような言葉だね」

元気づけるとき

思考ゾーンタイプ…相手の理想をさらに高める言葉が効果的です。

↓「失敗こそが、さらなるステップへの糧《かて》だよね」

↓「理想が高い人間は、ここがゴールじゃないっていうことだね」

感情ゾーンタイプ…感情を揺さぶる、心に響く言葉が効果的です。

↓「私がいつでもそばで応援しているから大丈夫だよ」

↓「七転び八起き、転んだら起き上がればいいだけだよ」

活動ゾーンタイプ…食欲を満足させたり、実利を与えるのがモチベーションアップに効果的です。

↓「美味しいものでも食べてさぁ、元気出そうよ」

↓「○○さんなら、この失敗経験を10倍の利益に変えられるから大丈夫」

お願いするとき

思考ゾーンタイプ…相手のもつ知識や教養を褒めるのが効果的です。

↓「なんでも知っている○○さんだからお願いしたい」

↓「成績優秀な○○さんだから頼みたいんだよね」

感情ゾーンタイプ…「あなたしかいない」「あなただから」の強調が効果的です。

↓「○○さんにしか、お願いできないの」

↓「みんながすごいって言っている○○さんだから、お願いしたいんだけど」

活動ゾーンタイプ…相手にとってのメリットを強調することが効果的です。

↓「○○さんにも、損はないお願いなんだけど……」

↓「お願いを聞いてくれたら、○○をおごるからさっ」

会話に困ったとき

思考ゾーンタイプ…相手の想像を膨らませたり、知識を披露させたりする。

⇩「もし○○さんが、○○だったら、どうする?」

⇩「最近の流行とかおススメの展覧会とか知っている?」

感情ゾーンタイプ…とにかく共通項を探り出したり、相手の高まるエモーションに共感したりする。

⇩「○○さんは、音楽では何が好き?」

⇩「最近、何が一番楽しかった?」

活動ゾーンタイプ…食欲+お得感を意識したり、先手の器用さで何かをつくり出す活動について話題にしたりする。

⇩「○○さん、安くておいしいレストランを知っている?」

⇩「DIYとか好き?」

Column

あの人のお顔を勝手に大分析！

セクシーの代名詞、マリリン・モンロー

お色気、セクシーの代名詞、マリリン・モンローの名で知られる、ノーマ・ジーン・ベイカー。

世界的に知られる印象とは裏腹に、読書好きで勉強熱心だった彼女が常に欲したものは、知的好奇心を刺激する知識や教養。なぜなら、それらをもとに、彼女は自分の高い理想実現への着実な筋書きを準備しなければならなかったからです。

とても有名なマリリン・モンローの言葉。

「寝るときは何を着ているの？」という質問に微笑みながら答える彼女の口からは、

「**シャネルの5番よ**」。

お見事です。

聞く人の想像を、マリリン・モンローのイメージとともにマックスに掻《か》き立てる、

これ以上の言葉はないのではないでしょうか。彼女の聡明さ、そして敏腕プロデューサーとしての手腕が、まさに垣間見られるひと言。

さて、彼女の顔を思い出してみましょう。今はスマートフォンでいくらでも検索できるいい時代ですね。

くっきりと強調された彼女の**富士額**は、合理的にモノゴトを考え、段取り上手なことを表わすもの。そして熟考に熟考を重ねてモノゴトを決断する彼女にとって、一度した決心は揺るがないということが、**断崖絶壁のように垂直に立ち上がった額**の形状から理解することができます。

眉の張りと奥まった目は、モノゴトから一歩下がり、距離感を保つことで客観的な考察をするためのもの。**眉毛と目の近さ**が表わす集中力の高さは、自己の理想実現への集中と自分の決断に対する誠実性ともいえます。

さらに**ラインの美しい唇**が表わす美的センスのよさは、富士額の合理的センスと相乗効果を成し、効率よく「見せたい自分」を表現する能力として発揮されます。

彼女の名言「男性と平等になりたいっていう女性は、野心のない女性ね」が物語るように、モノゴトを合理的に考える彼女だからこそ、女性の立場が男性よりも弱かったその時代背景を逆手に取り、「男を制す」。これこそが、彼女の真意だったのではないでしょうか。

ゆえに練り上げられた、彼女の自己理想の実現までのシナリオには、男性を翻弄《ほんろう》するセクシーシンボル「マリリン・モンロー」が必要だったのです。

強い肉付きの張りからは、どんな問題も跳ね返す、強い決意とモチベーションの高さをうかがい知ることができます。

「世にマリリン・モンローの名を轟《とどろ》かせる」、ここまでのシナリオはすべて完璧だった敏腕プロデューサーの彼女が、たった一つだけ見落としたものがありました。

唇のふくよかな肉付きが表わす「詰めの甘さ」――そしてそれが、「彼女の脆《もろ》さ」でした。

彼女は自分が思うほど、強靭《きょうじん》な心をもってはいなかったのです。

自分の見せ方が上手な彼女は、目から入る情報にとても敏感。そしてこの敏感さは、言い換えれば影響の受けやすさ。ゆえに、彼女にとって弱点ともなるのです。彼女を見つめる冷ややかな視線、そしてマスコミによる彼女への誹謗《ひぼう》中傷は何よりも耐え難く、何よりも彼女の心を蝕むもの。

様々な憶測が飛び交う彼女の最期《さいご》ですが、自死が事実であるならば、垂直に立ち上がった額が表わす彼女の頑固さが強情さとなったことが要因かもしれません。「敏腕プロデューサー、ノーマ・ジーン・ベイカー」のシナリオにはない、「マリリン・モンロー」の弱さや脆さは、彼女にとって認めることのできない、許すことができないものだったのではないでしょうか。

そして、選んだ結末が「不完全は美しく、狂気は天才」――まさに自らの言葉を体現するように、シナリオを強制終了させたのかもしれません。

第3章

顔の形を見るだけで
その人の大枠はつかめる

「輪郭」や「肉付き」から
読み取れること

顔に秘められた「奥深すぎる」情報

前章で、相貌心理学のきほんのき「三つの顔タイプ」をお話ししましたが、もちろんそれだけではありません。

まだまだ深い、ふかぁ〜い、奥があるのがみなさんのお顔の秘密情報。

ということで、この章では前章でお話しした、三つの顔タイプの実践応用に触れていきます。パーソナリティーの枠組みともいえる、顔を縁取る「輪郭」、普段はスポットライトが当たらない顔の細部の形状、さらには太った・痩せた以外にはあまり話題にならない「肉付き」などなど……。「まさか！　そこに、こんな秘密情報があったのか」というような衝撃の事実を、もったいぶらずに一気にご紹介いたします。

電車やカフェの一角でこの本をお読みのみなさま、「え！！！　マジ!?」と驚きの声をお上げにならぬよう、くれぐれもご注意のうえ、静かにページをおめくりください。

顔タイプ
（p.76〜）

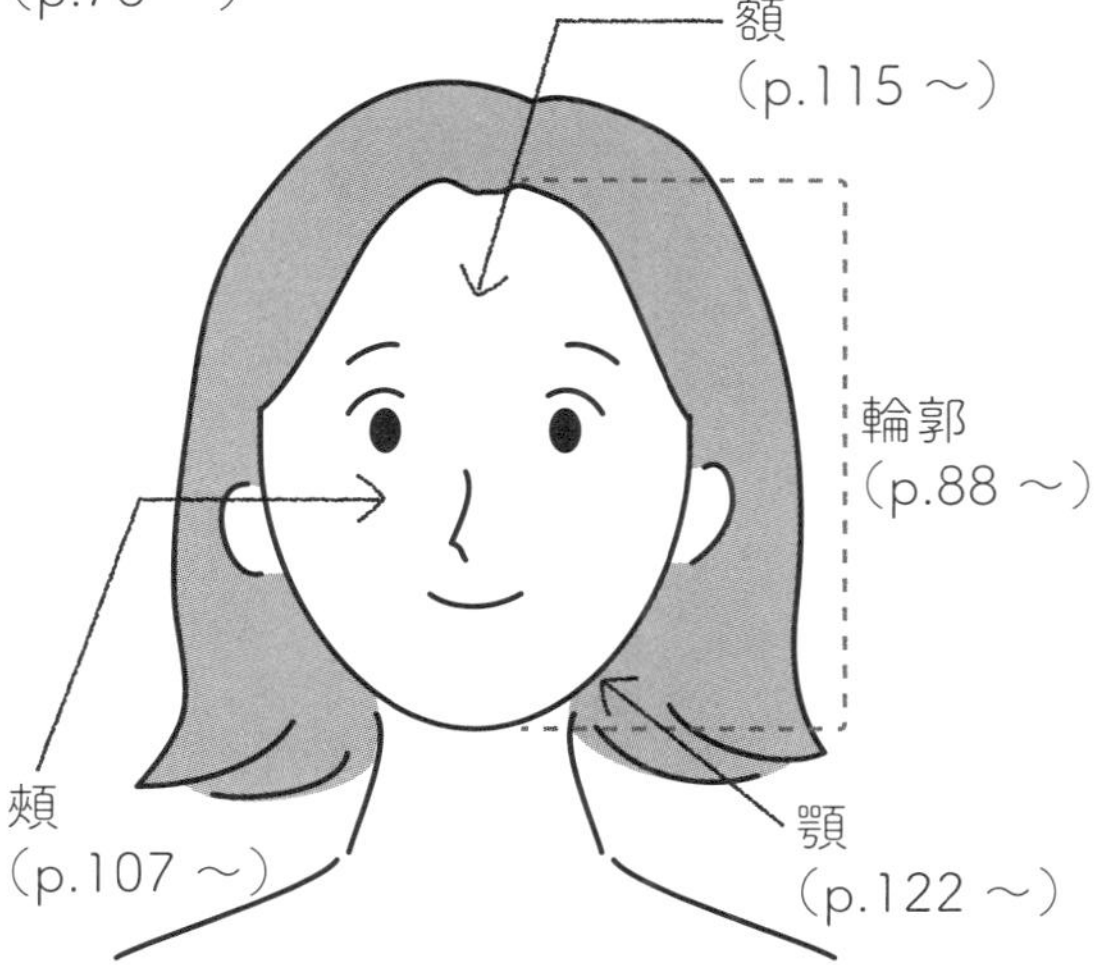

横顔
（p.128〜）

自分の顔タイプの前向きな活かし方

「才能がない人はいません」

多くの人のお悩みを聞くなかで、私が断言できることです。

「才能がない」と思うのは、ただたんに自分の可能性を信じる力が弱いから。**自分の才能が「出ていいのかしら？」と引っ込んでいるだけ**なのです。

自己肯定感が低い方は、行動を起こす前にダメな自分を想像して「できない」「言えない」。これでは、才能は開花するどころか、芽さえも出てくることができません。

さらにいえば、この「できない」「言えない」は、頭の中の想像でしかないのです。どうせ悩むなら、想像の世界で悩むのではなく、現実の世界で行動してから悩むほうがいいに決まっています。なぜなら、想像の世界でいくら悩んだところで、結局、現実を変えることができるのは、みなさん自身の行動にほかならないからです。

そして、実際に行動を起こせば、現実の自分にできないこと、足りないものを明確にすることができる、というように、**実際の行動ほど合理的で便利なものはない**のです。

なかなか自信がもてないというみなさん、想像がつくり上げる「できない」「言えない」が入り込む隙をつくらず、考えたら即行動です。

そして、みなさんのその行動を、**「大丈夫だから、進め、進むんだ！」**と背中を押すのにだって、もちろん相貌心理学はお役に立ちます。

◇あなたの背中を押してくれるのは「コレ」！

この背中押し、ものすごくアナログですが、効き目は保証します。そして、**なんと無料で使い放題**。となれば損は何もない。

ということで、自己肯定感をアップさせたいとき、モチベーションを上げたいときに試していただきたい方法を、顔タイプ別にお教えします。

思考ゾーンタイプは、「目から入る情報（視覚的情報）」に敏感。ならば、敏感さを逆手にとって使うべし。

「なりたい理想の自分」「目標」があるならば、常に目に入る場所に貼る・置くことが大切。たとえばスマホの待ち受け画面や、いつも使う鏡の脇、冷蔵庫の扉など。標語などの言葉も**文字に起こして、可視化する**ことが大切です。

「ダメかも」と思ったら、「目標を見る！　目から入れる」、これで大丈夫。

感情ゾーンタイプは、自分の声を口から出して自分の耳に入れる「人間ポンプ」がおススメ。音に敏感な感情タイプは、音を有効活用です。

「ダメかも」と思ったら、「私なら大丈夫」と声に出して**自分の声を耳から入れる。**人から嫌なことを言われたときも同様に、自分のポジティブな言葉でネガティブな言葉を打ち消すことが大切です。人間ポンプ効果で、自己肯定感をアップ。

活動ゾーンタイプは、「物質的メリット」に満足を感じるタイプ。ならば、それを使うべし。ということで、頑張ったら「自分へのご褒美は○○だ」というように、**ご褒美を用意して、「馬の鼻っ面に人参《にんじん》作戦」**です。「ほしい」となれば俄然《がぜん》やる気が急上昇、モチベーションアップで行動もポジティブになること間違いなしです。

モチベーションの浮き沈みがあるのは、誰しも当たり前のこと。しかし沈んでいるときでも、自信がないときでも、頑張って前に進まなければならない状況があるのが人生です。

そんなときこそ、「自分のモチベーションを上げる技」、「自信をつける技」をもっていれば、怖いものは地球の温暖化と隣の頑固親父ぐらい。ほかには何もないので安心です！

◇顔タイプごとに得意な片付けの仕方がある？

「モノを捨ててスッキリさせたい、でも捨てられない……」

わかります、そのお気持ち。思い出の品々に、やっとの思いで手に入れたもの。それらをそう簡単に手放せないのは当然です。

そして、一度判断できなかったものというのは、判断のたびに「でも」「やっぱり」などと理由をつけて、捨てられなかったりするものです。しかし、我が家のスペースが限られているならば、心を鬼にして決断しなければなりません。

ということで、顔タイプ別、自分に合う「スッキリお片付け術」をご紹介いたします。

まず、**思考ゾーンタイプ**は、理想の追求、希少価値のあるものをコレクションしがち。いわゆる「自分の理想を満たすものであれば、たとえそれがゴミ捨て場に捨てられているものであっても宝物」というタイプです。

もちろん、なかなか手に入らない希少価値のあるものを無理に処分する必要はありません。しかし、スッキリお片付けを考えているならば、コレクションの値段や価値を今一度調べ、三つを処分して、購入するのは一つにする、というように、**さらなる質の向上にシフトチェンジ**すれば、お片付け欲求は満たされ、家もきれいになります。

こちらの思考ゾーンタイプがスッキリお片付けを成功させるには、「知的好奇心への刺激を意識する」ことが秘訣です。たとえば、豊かな想像力を駆使して、コレクション仲間が集まれるようなネットサイトやブログを立ち上げるのも一案。専門知識の披露と情報交換、さらには価値がわかる者同士だからこそできる、コレクションのぶつぶつ交換と、思考ゾーンタイプの満足の源である知的好奇心がビビビッと刺激され、継続可能なお片付けとなるからです。

次に、モノにどうしても思い入れが強くなるのが、**感情ゾーンタイプ**。モノゴトの判断基準が感情ですので、**思い出とともにそのときの感情をモノへ入魂**。ともなればモノは思い出、捨てられないのは、致し方ありません。

そして、まわりに影響されやすい感情ゾーンタイプは、世の中で「シンプルライフ」が流行したり、近しい人がせっせと「ミニマリスト」を実践していたりすると、ついつい自分もしなければと、まわりの影響で「モノを捨てなきゃ、捨てなきゃ」と、あたふたしがちです。

こちらの感情ゾーンタイプがスッキリお片付けを成功させるには、**取捨選択のルールをつくること**が得策。たとえば2シーズン一度も着なかった服は処分するなど、決まりをつくってから始めることが、お片付けを成功させる秘訣です。

また、思い入れがあるものこそ、人にあげる、もしくは誰かの役に立てるように慈善団体に寄付する、といったことも一案。感情ゾーンタイプの満足の源、承認欲求が満たされて一石二鳥だからです。

活動ゾーンタイプは、「便利だから」「安かったから」と、自分へのメリットやお得感があると、ついついお財布のひもを緩めてしまいがち。そうなるとありがちなのが「買いだめ」や**「2個買えば1個無料」の甘い罠**。

また、誰もが知る有名ブランドなどを好む傾向があるこのタイプは、ブランド品の半額セールや最終処分価格は大好物。そりゃ～どんどん増えます、簞笥《たんす》の肥やし。

家をスッキリ片付けたい活動ゾーンタイプには、手先の器用さを活かしたいらない服のリメイクや、フリマサイトやオークションなどで販売してお金に換えるというのがおススメ。不必要になったものでお金を得る、活動ゾーンタイプには大満足のサイクルです。

実利主義の活動ゾーンタイプがスッキリお片付けを成功させる秘訣は、**「目に見える明確な目標設定」**。たとえば今回のお片付け、「目標金額は、○○○円」もしくは「売上金で焼肉を食べる」など、目標を明確にすればするほどモチベーションが上がり、お片付けの成功率は急上昇です。

このように、自分の性格や傾向をしっかり理解して取り組めば、なかなか難しいお片付けもスムーズに進み、気持ちも我が家もスッキリです。

◇「毒親」にならないために各タイプが注意したいこと

「子は宝」。

私には子どもがおりませんが、まわりの親御さんの様子を見ていればよくわかります、この言葉の意味。

「子どもには、子どもには……」と、親が子に注ぐ愛情というのは、まさに底なし沼。ズブズブとはまりすぎれば、妖怪よりもはるかに怖い「毒親」に変身……なんてこともあるのです。

自分でそれに気が付けばいいのですが、気が付かないからこそタチが悪いのが毒親。しかし実は、誰もが毒親になる可能性をもっています。「私は大丈夫」、そう言うあなたこそが毒親予備軍かもしれません。毒親に陥りやすい傾向さえ理解していれば、みなさんはいつでも「子ども想いのいい親」。毒親の一線は越えずにすみます。

ということで、あなたが陥りやすい毒親タイプはこちらです。

「思考ゾーンタイプはラベリングがお好き」

自分の理想を子どもに押し付けやすく、子どもに高級ラベルを貼りたがるのが思考ゾーンタイプの親御さん。**見栄っ張り毒**で子どもをがんじがらめにしやすいのでご注意を。

「感情ゾーンタイプは一心同体がお好き」

自分の感情を子どもに押し付けやすく、自分が嬉しいと子どももそうだと思いがちなのが感情ゾーンタイプの親御さん。「私が嬉しいんだから、あなたも嬉しいはず」という**押し付け毒**が、子どもの感情を無視して、自分の感情・考えで子どもの進路や未来を決めやすいのでご注意を。

「活動ゾーンタイプは点数がお好き」

目に見える点数や評価のみで子どものよさを判断しようとする傾向が強いのが、活動ゾーンタイプの親御さんです。**点数毒**が、子どもの優しさや思いやりなどの、数値化できない素晴らしさを踏みつぶしやすいのでご注意を。

子どもは子ども、自分は自分であり、子どもは決して「所有物」ではありません。そこを勘違いすると、あなたは底なし沼の住人、妖怪よりも怖い「毒親」です。

◇お顔別「残念な人」にならないためのSNS活用術

「時代は変わったよね」などとため息交じりに言うと、姨捨山《うばすてやま》にポイッとされそうですが、誰もが様々な情報を自由に発信できる時代が来るなんて、ひと昔前には考えられなかったことです。

世の中に溢れている様々な情報には、もちろん有益なものも多くあります。しかし同時に、特にSNSの投稿においては、「それ、自慢でしかないよね」という内容や、何を言いたいのかまったくわからないもの、「私を見てぇ〜」と言わんばかりの自意識過剰系写真などもいっぱいです。

もちろん、すべて好みの問題ですから、どの投稿がよい・悪いというのはありませんが、どうせ発信するならば、自分の投稿を見るみなさんに楽しんでもらい、「いいね」をちょうだいするのも悪くありません。

自分の承認欲求が満たされ、自信がアップ、行動も積極的になるような好循環も見込めますしね。

そして、ここでまたもやみなさんに朗報です。1937年生まれの相貌心理学は、社会の流行にだって適応する優れもの。もちろん自分に合うSNSの発信スタイルだって知ることが可能なのです。

ということで、顔タイプ別で見る、SNSでの得意な発信内容、そして、陥りやすい要注意投稿をご紹介です。

まずは**思考ゾーンタイプ**。想像力豊かな理想主義者ですので、豊かな想像力を活かしたクリエイティブな情報、ビジュアル系など、**流行のキャッチ力を活かした情報発信**が得意です。

一方、現実との接点を失いがちな傾向がある思考ゾーンタイプ。誰も理解できない独自の世界観にどっぷり浸かりすぎてしまうと、ただの自己満足で終わってしまうことも。**自分の頭の中の考えや理想が現実との接点を見失わないこと**が情報発信においては大切です。

感情ゾーンタイプは、感情豊かな共感主義者。何気ない日常のほっこり出来事、こんな私でも頑張っています系の、まわりが応援したくなるような発信や、推し活発信など、心に響く情報発信が得意です。

一方、承認欲求が強い感情ゾーンタイプは、「自分が楽しいなら、みんなも楽しいはず」と、友人知人の写真を許可なくバンバンアップして、ドン引きされることも。**SNSの投稿でも感情の距離感は大切**です。

活動ゾーンタイプは、メリットを貪欲に追求する現実主義者。展開力を活かした、**便利グッズの活用術やお得情報**を発信させたら右に出るものはおりません。一方、「高い、安い」「得だ、損だ」といった偏った価値観のみでの発信をしがちです。価値観は人それぞれ、**メリットや実利のみに価値を置く人がすべてではないということを忘れない**ことが大切です。

このように、自分に合う発信スタイルや注意すべきポイントを知っておけば、SNSでの情報発信は、向上心の持続にも役立つ強い味方となるのです。

輪郭ですべての要「体力」がわかる

どんなに素晴らしい才能があっても、「まず、これがなければダメ」というのが「体力」。

人間は24時間稼働可能なロボットではないので、行動や思考、すべての活動は、十分な体力がなければ、うまく働かないのは当然です。人間国宝級の書の達人だって、不眠不休じゃその妙技を存分に発揮することができないのではないでしょうか。

そう考えると、自分の体力がどの程度あるのか（ここでは「体力量」と表現します）を理解し、その体力をどう使うかが、才能開花への第一歩ともいえるのです。

すべての要《かなめ》である、体力量の見極めはいたって簡単。

下唇から下を隠して残った顔の上部の形状が、**真四角か真ん丸ならば、フランス語**

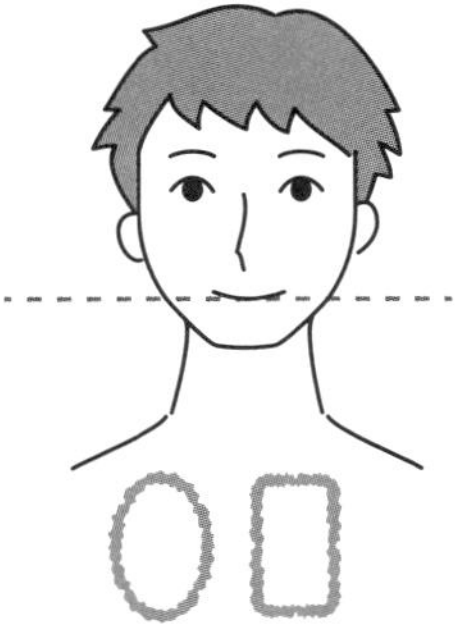

体力量が少なめ
「**レトラクテ**」タイプ

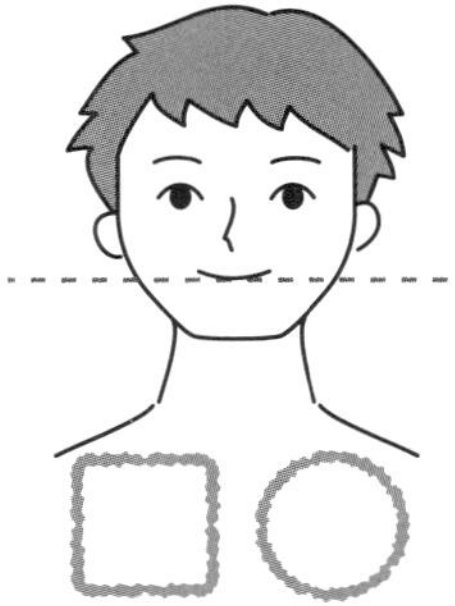

体力量がたっぷり
「**ディラテ**」タイプ

で膨張を意味する「ディラテ」といい、十分な体力があるタイプ。そして形状が**長細い、もしくは楕円《だえん》ならば、フランス語で収縮を意味する「レトラクテ」といい、体力があまりないタイプ**とします。

ディラテタイプの十分な体力は、自分の活動範囲を広げること、見知っている人を増やすことに使われるので、こちらのタイプは、**「積極的に外に出ていくタイプ」**といえます。

そしてこのディラテタイプ、「あり余る自分の体力は、みんなのために使います」ということで、みんなと一緒に過ごす時間「みんな時間」がコミュニケーションの優先スタイル。孤独に弱い淋しがり屋さんです。

体力が十分にあるのでルーティン作業もＯＫ、繰り返しがお得意です。

さらに、習慣というものに居心地のよさを感じるのも、こちらのディラテタイプの特徴。たとえば、「毎回のお土産が、いつもなぜだか豆大福の◯◯さん」。その理由は「習慣」がキーワード。

豆大福を初めてもらったあのとき、あなたは言いませんでしたか？「めちゃくちゃ美味しいこの豆大福、超大好き」

そうです、この言葉こそが、ルーティン豆大福のはじまりなのです。あなたの喜ぶ顔が見たい◯◯さんは、習慣優先で「あなたに会う↓喜ぶ顔が見たい↓豆大福」となるわけです。

そう考えると、今まで「またか」と内心不満だった豆大福にもスポットライトが当たり、あなたを思う◯◯さんの株も急上昇です。

一方のレトラクテタイプ、少ない体力は「無駄に使うものですか！」ということで、体力を使う状況や相手をしっかり見定める「選択の欲求」が顕著。自分の少ない体力を守ることを優先するので、外に出て無駄な体力を使うより、**自分の世界の充実に努めるタイプ**。

体力は、人のために使う前にまず自分のため。「自分時間優先」がコミュニケーションの基本スタイルとなり、孤独にも強いタイプとなります。

ちなみに、同じ失敗や心痛などはまっぴらゴメンなこちらのレトラクテタイプは、「同じことで二度も心が傷つく」なんてことは、それこそ体力の無駄遣い。一度傷つけられたら、そのとき感じた恨みやつらみは忘れずに、あの世までおもちになります。

まだ記憶に新しいコロナ禍ですが、このコロナ禍で華々しく登場し、今では一般化しつつあるのが「リモート」というコミュニケーション手段。このリモートにだって、もちろん向き不向きがあります。

では、ここでみなさんに質問です。

「自宅でのリモート作業、不向きなのはディラテタイプでしょうか、それともレトラクテタイプでしょうか？」

おわかりになりましたか？　正解は、「ディラテタイプ」です。

ディラテタイプは、体力があり余る淋しがり屋さん。たった一人の自宅作業には耐えられません。

さらに、門から玄関までが数百メートルというような大豪邸にでも住んでいれば話は別ですが、住まいが四畳半の1Kともなれば、自宅作業はまさに檻《おり》の中。そりゃ～体力があり余って気分は悶々《もんもん》。いたたまれない気持ちになって、「もう限界、会社に行きたい」となるわけです。

一方レトラクテタイプは、リモート大歓迎。自宅という自分の城での自分好みに調整できる自分時間、これ以上の仕事環境はありません。

◇「営業スタイル」は輪郭で決めればうまくいく？

人と人とのコミュニケーションによって成立しているのが仕事というもの。この、人と人とのコミュニケーションが存在する限り、きっとなくならない職種の一つが「営業職」なのではないでしょうか。

そして営業職とひと口にいっても、とっても幅広いのがこの職種。不特定多数が相手の飛び込み営業のようなものもあれば、決まったお客様が相手のルートセールスもあります。そして直接的なものもあれば、電話やネットで行なう間接的なものなど、様々なものがあるからです。

多種多様な職種ゆえ、人とのコミュニケーションがいくら好きでも、どういう営業スタイルが自分に合っているかを理解していなければ、せっかく自慢に思っていたコミュニケーション能力も、成績が上がらない現実に、自信喪失ともなりかねません。

営業職とひとくくりにしたときの向き不向きでいうならば、輪郭が細く、かつ肉付きが平坦なレトラクテタイプには向きません。

自己防衛能力が高すぎて、状況や相手に慣れるまでに時間がかかり、商品を説明するどころではありませんし、繊細ゆえに、お客様のちょっとした反応を自分への攻撃だと受け止めかねません。ですので、飛び込み営業などは、まさに生き地獄です。

しかし、営業スタイルによっては、レトラクテタイプでも大丈夫な状況や方法がもちろんあるのです。たとえば、ネットを利用した間接的な営業。想像力の豊かさで、見えない相手を想像し、素晴らしい創造性の手腕を発揮するからです。

また、お店に行けば必ずいらっしゃる販売員さん。たとえ扱う商品がモノであっても、相手にするのは生身の人間。となれば、やはり向き不向きがあるのは否めません。

そう考えると、体力があまりなく、おまけに自己防衛能力が富士山級に高い、輪郭が細いレトラクテタイプにとっては、少々ハードルが高くなる職種。おまけに肉付きが平らとなれば一筋縄ではいきません。

しかし、販売員とひと口にいっても内容は多種多様。レトラクテタイプにだってバッチリ合うものもあるのです。

自分の興味があることに対しては、貪欲に深く掘り下げるレトラクテタイプ。相手が自分の得意分野に興味がある、もしくは自分の専門知識を聞きたがっているとなれば、相手に対しても興味がわき、お客様と良好な関係を築くことができるのです。

なぜならば、レトラクテタイプの繊細さという名の敏感さは、身の安全を確認できた状況下では、自己防衛能力としてではなく、相手に対する細かい気配りとして働くから。結果的に、それが素晴らしいコミュニケーション能力として発揮されるのです。

ですので、**レトラクテタイプならば、自分の得意分野、専門知識を披露できる専門店がおススメ。**世のカリスマ店員に、このレトラクテタイプが多いのにも納得です。

一方、「なんでも売ります」の**オールマイティー販売員に向くタイプは、輪郭の形状が真四角、真ん丸なディラテタイプ**で、かつ肉付きが豊富な人。

このタイプ、どこでも誰とでもコミュニケーションをとることができ、さらに「ご都合主義」のおまけつき。モノゴトを自分の都合のいいように考え、嫌なことや腹が立った出来事も、「今夜は何を食べようかな」「週末はどうしよう？」などと、別のことを考え始めたらあっさりと忘れてしまうタイプなのです。細かいことは気にしない、大雑把という名のおおらかさが功を奏すともいえるこのタイプは、どんな相手もどんと来い、なんでも売り込む才能の持ち主。ちなみに質より量のこのタイプは、専門店よりも、種類も品数も多い、大型量販店やホームセンターなどが向いています。

このように**的確な自己の理解は、「適性」を「適正」にする**のです。

◇都会or田舎、自分に合う暮らしはどっち？

最近よく聞く「田舎暮らし」に「地方に移住」。田舎での生活がクローズアップされていますが、「隣の芝生は青く見える」というように、あわただしい都会の生活の渦に飲み込まれると、自然豊かなスローライフ的な田舎暮らしがキラキラして見えるものです。しかし、この田舎暮らしにだって「向く顔」「向かない顔」があるのです。

田舎での生活というものは、どの家に誰が住んでいて、家族構成や年齢に趣味、犬の名前までをみなが知っているのが一般的。いわゆる村民みな家族。古きよき日本のスタイル、人と人とのつながりを大切にするのが田舎生活なのです。

村のしきたりや習慣にならうのはもちろんのこと、祭りなどの行事への参加も必須。「結構です」では、田舎ライフが成立しません。

このような村民みな家族の田舎暮らしに合うのは、輪郭の形状が真四角もしくは真ん丸の「ディラテタイプ」。習慣やルーティンが得意で「みんな時間優先」、外向的で淋しがり屋だからです

一方「レトラクテタイプ」は自分時間優先ですので、他人に勝手に自分の家に上がり込まれて「お帰りなさい」なんて言われようものなら興ざめ。はじめは喜んでいた、毎朝玄関先に届く新鮮野菜もだんだん迷惑に。

レトラクテタイプが田舎での生活を選ぶならば、「田舎での自分のアクティビティー」をもつことが大切。独自の世界観優先なので、自分の世界観が田舎暮らしというスタイルのなかで実現できるならば、田舎暮らしを受け入れ、満喫することができます。

たとえば、自給自足生活にマクロビ生活、無農薬栽培などです。

そうでなければ、**はっきり言います、「田舎暮らしは向いていません」**。

しかし、自分時間優先で孤独に強いレトラクテタイプ、孤独感や疎外感を感じやすい海外移住は、ディラテタイプより向いているといえます。

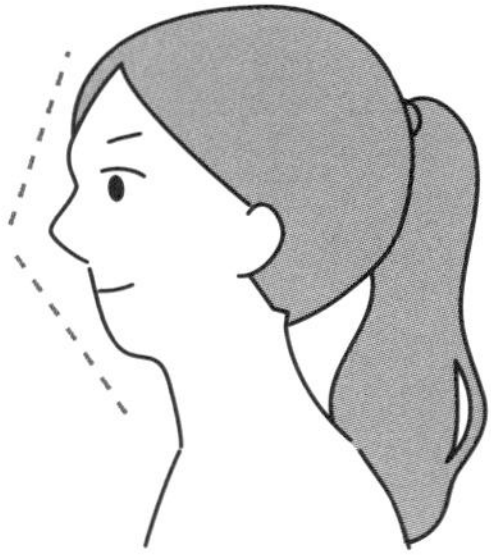

変化を求める
横顔新幹線

また、**横顔が新幹線の先頭部分のような形状の場合、「日々の生活に変化を求める傾向が強い」**ことを表わします。要するに、「常に変わる環境」と、「新しい刺激」が必要不可欠なのです。

そう考えると、田舎のゆったりとした時間の流れには疑問を抱いてしまうため、田舎暮らしは向きません。

ということで、田舎での生活にあこがれを抱いたら、まずは「輪郭」と「横顔」で自分のタイプを理解。判断はそれからでも遅くはありません。

◇限りある体力を上手に使える人の顔って？

そして忘れてはいけない、輪郭からの理解における大切な付け加えがあります。

「輪郭が細い＝体力がない」ならば、輪郭が細いスポーツ選手ってどう説明するの？というお話です。

その疑問にお答えするには、輪郭に対する口の大きさの説明が必要です。

口は体力の消費具合を教えてくれる、いわば体力の蛇口。ですので、「輪郭に対して口が小さい＝蛇口が細い」となれば、エコモードでの体力消費が可能となるのです。

したがって、輪郭に対して口の小さい人は、たとえ体力量が少なくとも、持久力や忍耐力に優れているという理解になるのです。

大活躍のメジャーリーガー大谷翔平選手やプロスケーターの羽生結弦さん。どちらも輪郭が細いレトラクテタイプですが、輪郭に対して口が小さいので、体力の消費はエコモード。持久力や忍耐力はばっちり！　となるわけです。

一方、輪郭に対して口が大きい人は蛇口が太いので、体力をジャンジャンと消費。たとえ輪郭がディラテタイプで体力量が多くても、持久力や忍耐力はあまりないという理解になるのです。

◇お金を貯める人はストレスも溜める人？

人間の永遠のテーマ「愛」。

と言いたいところですが、現実は「お金」。

なぜって、お金はあるに越したことはないですし、なければ生活が成り立たないからです。

だからこそ、女子のみなさんにとって結婚のお相手選びの優先項目は「稼ぐ力」。「愛があればお金はいらない」なんてのはきれい事、この言葉が存在するのは映画やドラマのなかだけです。

出会いの場で控えめに、「もっています？　コレ」と指でお金マークをつくって、お相手に聞ければいいのですが、いくら控えめでも、これではただの「金の亡者《もうじゃ》」でイメージダウンは避けられません。

だったら手っ取り早く、**「お金を貯めるのが上手」かどうかを顔から察知**すればいいのです。

それにも、輪郭に対する口の大きさが要です。

輪郭に対しての口の大きさは、体力の消費具合を表わすとご説明しましたが、実は同時にお金の消費具合も表わすからです。

輪郭に対して口が小さい方は、体力消費もエコならば、お金使いもエコモードの節約上手。たくさん「貯めます」が、使わずに貯めているのですから、当然のごとく「ケチ」です。

「プレゼントもほしい」、「お金もほしい」と願う都合のいい考えをおもちのみなさーん、そうは問屋が卸しません。ケチだからこそ、お金が貯まることをお忘れなく。

と同時に、こちらのタイプはもれなくストレスもためます。ためて、ためて、ためすぎて、ある日突然ドッカーン、大爆発となりやすいのです。

このタイプがパートナーならば、小言は率先して聞いてあげるようにするのが得策です。会社でコツコツためたストレスで、心を病んでしまうこともあります。あなたでためたストレスは、爆発したときが離婚届を渡される日になりかねません……。

そして、節約上手な妻がほしい男子のみなさん、輪郭に対して口が大きい女性を選んだならば、残念ながらその願いは儚《はかな》く散ります。このタイプ、体力も使いますがお金も使う……そう、あなたのお金を食べる「カネゴン」です。

しかしこの消費能力が功を奏し、人とのコミュニケーションは超お手のもの。輪郭が細かろうが、どんな形状だろうが、体力を使ってどんな相手もどんと来いのコミュニケーション能力を発揮するのです。

「お嫁さんに家業の営業を頼みたい」と思っているのであれば、まさに適任です。

◇「パワハラ認定されやすい人」の顔って？

「パワハラをする顔ってどんな顔ですか？」

「セクハラをする顔ってどんな顔ですか？」

セミナーや講演などでこのような質問をされると、ついつい「それは、あなたのような顔です」と言いたくなる私ですが、決してそうではないのです。

相貌心理学的にハラスメントを考えるならば、誰もがハラスメントの加害者にも被害者にもなりえるといえるのです。

ということで、**「ハラスメントの可能性」お茶の間ブゾン劇場**でご紹介です。

登場人物は「ディラテタイプで体力のある部長の林さん」と「レトラクテタイプ、体力があまりない入社5年目の木下さん」。場面設定は金曜日の20時、株式会社カオカタチの営業部内での出来事です。

「ハイ、スタート！」


木下さんは、体力があまりないレトラクテにもかかわらず、連日残業、仕事漬けの毎日。おまけに休日出勤で心も体も疲労困憊《こんぱい》。自身のキャパをはるかに超える激務のなか、今夜もまた残業。そして明日も休日返上で出勤しなければならに状況に……。

そこに上司の林部長が登場、おにぎり片手に口の脇には米粒、そしてねぎらいの言葉でもかけるのかと思いきや、言い放ったひと言が、「俺がお前くらい若い頃はさぁ、休日どころか徹夜で仕事をこなしたけどね。残業に休日返上ぐらいでそんな顔して、お前の顔にはやる気がまったく見られないよ」。

まるで雷に打たれたかのように放心状態の木下さん。「こんなにも頑張っているのに、何を言いやがる！」頭に浮かぶ言葉は、「パ・ワ・ハ・ラだ」。

「ハイ、カット！」

林部長が、木下さんのように入社5年目の頃は、それこそ休日出勤に徹夜だって屁のカッパ。毎日の残業だってドンと来いと仕事をこなしていたかもしれませんが、それは体力のあるディラテタイプゆえ。自分ができたからといって他人ができるとは限らないのです。

この状況下、仮に林部長が「木下、頑張るのもいいけど、まだまだ先は長いぞ。いい仕事をするためには休みも重要。俺が手伝ってやるから、明日は休め」などと言えていたならば、生まれるものは相手に対する恨みや怒りでなく「信頼関係」。

ところで、仕事の生産性の向上に必要な要素って何だかご存じですか？

ハーバード大学のエルトン・メイヨー氏とフリッツ・レスリスバーガー氏によるホーソン実験で証明されたそれは、実は「感情」や「意識」なのです。

このように、どんなにテクノロジーなるものが発達しても、人と人が関わる仕事というものは、「感情」や「意識」なしに生産性の向上は見込めないのです。

同様に、こんなことも考えられます。

現実主義の活動ゾーンタイプは、手で触れるものに安心感を抱きやすい傾向があり、コミュニケーションには接触、つまりはボディータッチを好みます。

一方、この好みと真逆にいるのが、理想に生きる思考ゾーンタイプ。現実よりも想像優先のこのタイプは、接触といった現実的なことは敬遠しがち。自分と親しい間柄の相手ならまだしも、大嫌いな相手に触れられようものなら、サイレンが鳴って緊急事態警報発令です。

この二人が上司と部下になったら、それはまさにセクハラのリスク大。

たとえば、思考ゾーンタイプの女性部下をねぎらう気持ちで、活動ゾーンタイプの男性部長が「ご苦労さん」と肩をポンポン。

このポンポンが「セクハラ」にならないとも言い切れないのです。

そしてその逆、そっけない思考ゾーンタイプの上司の態度に、活動ゾーンタイプの部下は「無視されている、モラハラだ」と思うこともなきにしもあらず。

もちろん、すべてのハラスメントについてではありませんが、このように、人と人とのコミュニケーションにおける価値観の違いやモノゴトのとらえ方の違いが、ときにハラスメントという状況をつくってしまうことがあるのです。

しかし、相手がどのようなコミュニケーションに心地よさを感じ、また嫌悪を感じるのかを理解することによって、ハラスメントから自分を守ることができ、さらには相手との信頼関係を育むきっかをつくることさえできるのです。

◇「我が子に合った勉強法」の見つけ方

お子さんの勉強法も、実は「体力量の理解」がカギを握るのです。

たとえば、輪郭が細いお子さんは、大人同様、体力量が少ないのです。連日、学校が終わってからの塾通いでは疲労困憊。疲れているからぐったり気味で、不機嫌になるのは当然なのです。

それにもかかわらず、追い討ちをかけるような親御さんの心ないひと言、**「高い月謝を払っているんだから、もっとやる気を出しなさい」**。

お子さんは、精いっぱい頑張っているのに、これでは親に対する信頼も喪失です。


輪郭が細いお子さんにしっかり勉強をさせたいとお思いでしたら、どうしたら体力を温存できるかを考えるのが近道なのです。たとえばですが、塾ではなく家庭教師をつければ、少なくとも行き帰りの体力は温存できます。

一方、輪郭が四角か真ん丸のお子さんは、体力量が多く、常に好奇心のアンテナをあちらこちらに張りめぐらしています。勉強に集中しているときに勉強以外のことがあれば、そっちに意識がズームイン。ということで、集中させたいとき、たとえば宿題をさせるときなどは、テレビやお菓子はもちろん、近くに兄弟がいるのも絶対禁止。すぐにちょっかいを出して、勉強どころではなくなります。

このように、お子さんに「勉強させたい」のならば、まずはお子さんの体力量を把握することが一番の近道です。

コミュニケーションの特徴は頬に浮き出る

環境や他者を受け入れる寛容性、なじみやすさといった順応性は、「肉付きの量」から理解することができます。

肉付きが豊かになるほど、寛容性や順応性が高くなり、肉付きが少なくなるほど、つまり肉付きの形状が平坦になるほど、寛容性や順応性が低くなるということになります。

ちなみに肉付きの量とは、いわゆるぽっちゃりとは違います。

そうでなければ、お相撲さんなどは、みんな揃って「寛容性も順応性も高い」ということになってしまいますからね。そんなことはありっこないという話です。

この肉付きの量の理解には、横顔、頬のあたりをチェックします。

ポイントは、**横顔、頬のあたりの肉付きが平坦か、それともぷっくりと盛り上がっているか**になります。なかには、えぐれているような形状の方もいますが、肉付きが平坦の場合と同じ理解で大丈夫。

ちなみに肉付きというのは、環境の変化や刺激、他者から言われた言葉などの刺激を感じとるアンテナ、つまり感受性を守る覆い、クッションでもあります。

肉付きがぽっちゃりの人が「おおらか」に見えるのは、まさに感受性が肉で守られているからこそ。

守られている感受性は刺激を感じづらく、いってみれば鈍感。だから細かいことは気にしない「おおらかさ」となり、見た目の印象も同様になるのです。

一方、感受性がむき出しなのは、肉付きが平坦なタイプ。むき出しの感受性のアンテナは、刺激を敏感にキャッチしてすぐさま反応、したがって「神経質」となるわけです。

そしてこの肉付きの平坦さは、別名「コミュニケーションの壁」。肉付きで感受性というアンテナを守れないぶん、心の壁をつくって守っているのです。

このようなことから、肉付きが平坦な方は、疑り深く、他者とのコミュニケーションが閉鎖的な傾向となります。

たとえ輪郭がディラテタイプであったとしても、肉付きが平坦であるならば、刺激を敏感にキャッチするタイプとなり、十分な体力があっても、外向的というより、やはり選《え》り好みが激しい内向的な傾向が強くなるのです。

頬の肉付きあり
→社交的

頬の肉付きなし
→内向的

ここで、みなさんの理解を深めるために、輪郭×肉付きの組み合わせで見る「どこでも誰とでもコミュニケーションランキング」を発表です！

1位　輪郭がディラテ×肉付き豊富
2位　輪郭がディラテ×肉付き平坦
3位　輪郭がレトラクテ×肉付き豊富
4位　輪郭がレトラクテ×肉付き平坦

このように、**「輪郭」というのはパーソナリティーの大枠を表わし、**肉付きが表わす内面傾向よりも、より強くパーソナリティーに反映されるのです。

まれに肉付きがボコボコとしている人がいますが、これは、豊富と平坦のミックス型。つまり、感受性のアンテナが肉付きで守られている部分と、肉付きで守られていない部分があるということになり、どこに刺激が当たってどんな反応を起こすかは予測不可能。感情の変化が激しく、「人生は爆発だ」、と言わんばかりに気難しいタイプとなります。

肉付きに張りあり
→モチベーションが
高い

肉付きに張りなし
→楽なほうへ
流されやすい

◇プリッとした**肉付きの張り**が表わすモチベーションの高さ

元気な人は肉付きが「プリッ」、やる気に満ち溢れている人も肉付きが「プリッ」。この、**顔の肉付きのプリッとした張りが教えてくれるのは、「モチベーションの高さ」**です。

このプリプリ感とは、指で押したら跳ね返りそうな弾力感のことをいい、逆に張りがないというのは、押したらブニュと指が肉付きに沈み込みそうな、柔らかい感じのことをいいます。

「年を取れば、肌が劣化して肉付きがプヨプヨなのは当たり前でしょ」というご意見、非常によくいただきます。いえいえ、それがまさに「年を取る＝劣化」と考える先入観。

もちろん16歳のピチピチ女子高生と、ほどよく熟されたお年頃の86歳マダムを比べてしまっては、経年劣化は否めません。

しかし「そうではない」のです。ということで、みなさんの先入観を払拭《ふっしょく》する女性をご紹介します。それが、80歳になってからプログラミングの学習を始め、iPhoneアプリ「hinadan」を開発した、世界最高齢のプログラマー、若宮正子《わかみやまさこ》さんです。

彼女の顔の肉付きはプリップリ、まさに水もはじくようなプリ具合。

若宮さんの肉付きの張りが証明するように、肉付きの張りとは、やはり年齢に比例するものではなく、モチベーションの高さや、人生の潤いに比例するものなのです。

そう考えると、美容業界の宣伝で使われる決まり文句、「お肌に張りを、潤いを」にも納得です。なぜって、「お肌に張りと潤いがあれば、『モチベーションがばっちり高くて、人生潤ってまぁ～す』っていうアピールになりますから大切ですよ」と、言っているにほかならないからです。

そして実は、この肉付きの「プリッ感」と「ブニュ感」の見極め、みなさんは既に習得ずみなのです。

その証拠が、1章でもお話しした、みなさんが同僚、知人、友人にかける「何か、大変なことでもあったの?」と、「何か、いいことあったでしょう?」の言葉選びの**「判断エラー・ゼロ」**。これこそが、まさにその証拠なのです。

◇頬骨とともに突き出す「成功欲求」

みなさんのお顔を、輪郭にそってぐるっと一周見てみると、お顔の中央よりも若干上にツンととんがった張りがあります。こちらが頬骨の張りです。

頬骨の張りが表わすのは「社会で活躍したい」「出世したい」という成功欲求。

ということは、頬骨がとても目立って張っている場合は、成功欲求がものすごく強い「一匹狼タイプ」。

成功をつかみ取るためには、そこに向かって「どけどけどけ~」と突っ走る、言い

頬骨が張るほど
成功欲求が高い

換えれば、衝動性の強いタイプですので、協力してみんなで何かをするといったグループ作業は不向きです。

なぜなら、こちらのタイプの原動力は、高まる情熱やエモーション。これらが起爆剤となり、着火すれば、その勢いはロケットのように凄《すさ》まじく、まわりが見えなくなってしまうからです。

ちなみに頬骨が目立って張っていても、顔の肉付きが豊かならば、共同作業も得意です。

肉付きが頬骨の張りを覆う緩衝材となって、衝動性を抑制し、他者を理解する寛容性につながるからです。

額にはその人の「思考の傾向」が表われている

「わかったよ、わかってるって」と、手振りにウインクまで入れちゃって。

こちらがまだ「1」しか説明していないのにもかかわらず、「10」までわかった顔をする、まるで超能力者かのような「なんでもお見通し人間」。みなさんのまわりにもいらっしゃるのでは？　こういう人。

しかもこの「わかった」は、ただの「わかった風」ですので、実際は何もわかってないのがなんとも残念なところ。しかもさらに残念なのが、決して悪気があるわけではなく、ただたんに思考が速すぎることが原因だということ。

つまり、「1」を聞いたら、思考がエンジン全開で一気に加速。加速しすぎて行き先がわからなくなり、しょうがないから自分の勝手な理解で到着地点を決めてしまう、ということなのです。

この思考の速さ、視点を変えれば機転を利かせる速さともいえるのですが、しかし速すぎる思考は、ときにまわりへの配慮をすっ飛ばしてしまうこともあるのです。

こちらの**「わかった風」の顔の形状は「横顔から見たときに額の傾斜が45度」**。

額の傾斜は、思考の速さを表わし、額の傾斜があればあるほど、思考のスピードが速いということになります。

「そんな額、あるわけないでしょ」とお疑いのみなさん。そのお気持ちはよくわかります。普段、人の額の傾斜に関心を向けることなどありませんからね。疑念を抱くのはごもっとも。

しかし、この本を片手に、鏡で額を見てくだされば、「まさか!」となること間違いなし。みなさんの期待を裏切ることは決してございません。

そしてもし、会話の相手が「傾斜45度のわかった風」ならば、**回りクドイ言い回しは「ブー」、厳禁です**。まずは、単刀直入に結論から伝えることをおススメします。

なぜなら、こちらの「わかった風」、ビジネスの場面などで、「言った」「言わない」「聞いてない」など、あとで問題が発生しやすいお方だからです。

額の傾斜が45度の相手には、少々面倒ではありますが、説明したことを相手がちゃんと理解しているかどうかを確認することが、問題を未然に防ぐためにおススメです。

一方、思考が速いタイプがいるならば、もちろん遅いタイプもいらっしゃいます。その形状は、横顔を見たときの**垂直に立ち上がった壁のような額**。こちらのタイプ、「じっくり考えたいのよ、考えさせて」の熟考型。モノゴトを、掘り下げてじっくりと考えたいタイプなのです。そして熟考型にはもれなく「頑固」のおまけつき。

もし、会話の相手が「壁額《かべびたい》」なら、答えを求める「早く！」「急いで！」は禁句です。相手は意固地になって、話を聞くことすら拒否しかねません。

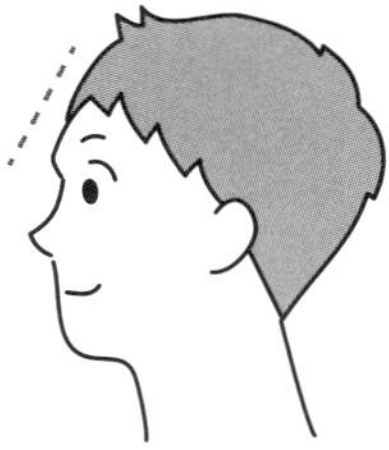

額の傾斜あり
→思考が速い

額の傾斜なし
→思考がゆっくり

◇効率的な段取り上手さんは「富士額」

さぁ〜、みなさんの持ち時間は1時間。会社の門を「よーいドン！」でスタートしてから、肉屋さんで鶏肉、八百屋さんで大根、文房具屋さんで修正液を買って、ついでにコンビニで光熱費の支払い。すべてをこなして1時間で自宅に帰るには、どの道順で行けばいいでしょうか？

富士額は
段取り上手

ということを、ちゃちゃっと無駄なく考えられるのが「効率性重視」の方です。言い換えれば「段取り上手」。

こうした**「効率性重視の段取り上手」のお顔の形状は、「富士額」**。これは顔そのものの形状ではなく、髪の生え際の形状です。

額は、思考の速さや想像力など、様々

なことを表わしますが、同様にこの生え際もまた様々なことを表わすのです。

こちらの富士額、先ほどの額の傾斜が表わす「思考の速さ」と掛け合わせて考えてみると、「額の傾斜45度×富士額」は、効率がパワーアップし、「ちゃちゃっと終わらす」が「超ちゃちゃっと終わらす」になるのです。

一方、額が垂直に立ち上がっている「熟考タイプ」に富士額を掛け合わせて考えてみます。その場合、行動を起こす前に様々な可能性について頭の中で試行錯誤するので、行動までの時間はかかりますが、いったん行動を起こせば、こちらの熟考タイプももちろん、「ちゃちゃっと終わらす」能力を発揮することに変わりはありません。

◇「問題解決のヒント」はこめかみにあり！

「思考の実現力」とは、漠然とした想像やアイデアを実現するためのプロセスを、的確に考えられる能力のことで、言い換えれば「問題解決能力」ともいえるものです。

この思考の実現力は、「顔の正面、目の横のあたりのこめかみの形状」で判別します。

こめかみに凹《へこ》みがなくまっすぐならば、世の中の常識やルールなどにとらわれず、フラットに思考の実現化へのプロセスを考えられるのです。

一方、こめかみが少し凹んでいる人は、世間の常識やルール、「私はこうでなければならない」といった枠に自分をはめがちです。

しかしこちらのタイプ、視点を変えれば「ルール好き」。ルールがあることに安心感を覚えるので、何事も前もってルールをつくっておけば安心して取り組めるタイプなのです。才能の開花にも、もちろんルールが必須。となれば、ときにルールをつくらないことをルールにしてみるのも一案。柔軟な寛容性を育むためにおススメです。

また、こめかみが大きく凹んでいる人は、モノゴトを深く掘り下げて考えすぎる傾向があります。たとえば問題を前にすると、ある一点ばかりにフォーカスし、問題を反芻《はんすう》しがち。問題解決にはとても時間がかかるタイプです。見方を変えれば、何事においても深く考え、丁寧に取り組むという美点にもなりますが、答えを急がなければならないときには困ってしまいます。

そのようなときは、頭の中の考えを書き出すことが有効。なぜならこのタイプ、豊かな想像力を発揮しすぎて、頭の中は想像でパンパン状態、解決方法が入るスペースがないのです。よって、想像を整理整頓、隙間をつくるのが大切、ということです。

こめかみに凹みなし
→思考がフラット

こめかみの凹み（小）
→ルール好き

こめかみの凹み（大）
→何事も深く考える

顎が示すのは「行動力」

「アクティブ」「敏捷《びんしょう》」「すばしっこい」……。これらはすべて、動きや動作が素早いことを表わしますが、こちらももちろん、顔の形状として表われるのです。

それを知るには、横顔の顎のラインをチェック。

横顔、顎のラインがくっきりと強調されていれば、アクティブさの表われです。

すばしっこい動きをするぽっちゃりさんも、もちろん顎のラインがくっきり表われています。「え〜?」とお疑いのみなさま、それは先入観というものです。

もちろん、ぽっちゃりさんでも「のんびりぽっちゃりさん」は別ですよ。

顎のラインはお肉でくるまれ、顎と首のラインはあいまい。その形状は、みなさんの期待を裏切らない、ぼやけたものになります。

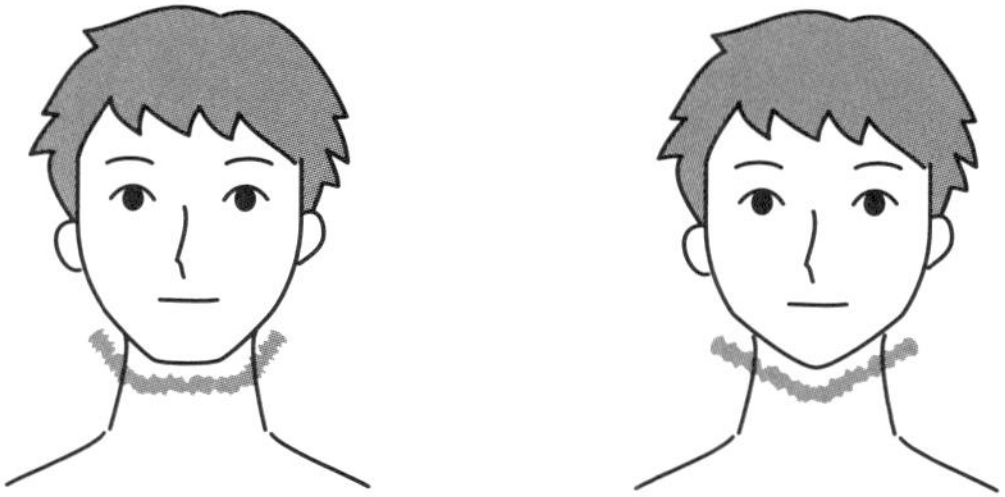

顎が平ら
→自信あり

顎が細い
→自信なし

◇顎先の形で「自信の有無」がまるわかり

顎先が平らでどっしりなら「自分の可能性を信じることができる＝**自信がある**」。**顎先が細くとんがり気味**なら「自分の可能性を信じることができない＝**自信がない**」。

このように、顎先の形状は「自分との信頼関係」を表わします。

後者の、顎が細くとんがり気味のタイプは、他人のこともなかなか信用することができない疑り深いタイプ。そしてこちらのタイプ、なぜに自信がもてないかといえば、その理由の一つには豊かすぎる想像力があげられます。

想像力の豊かさは、創造性や発想力を育む素晴らしいものですが、使い方を間違えると、「現実と想像を混同」させる厄介なものにもなるのです。

こちらのタイプ、自信がないのですから、もちろん思い描く自分像も常にネガティブ。したがって、何か行動を起こそうとすると、頭の中では「できない自分」「だめな自分」を想像し、行動までたどり着けずに自己完結してしまうのです。

ということで、なかなか自信が持てないというみなさん。是非とも、頭の中にあることをすべて書き出し、現実と想像をきっちりと分けてみてください。そして想像は全消去。残ったものがあなたの現実です。行動しなければ、その行動の結果は誰にもわかりません。わからないことこそが、まぎれもない現実であることをお忘れなく。

そして**自分を信じる力は、自分の可能性という才能の開花を促すミラクルパワーの源**。使わなきゃもったいない力なのです。

◇顎の突き出しは「野心の実現力」

顎先は「自分への信頼＝自信」といったものを表わすのですが、同様に**密かに抱く大きな望み、「野心」**も表わすのです。

となれば、その「野心の実現力」が気になるところ。

こちらは、横から見た眉頭の位置と比べて、顎の位置がどこにあるかによって判別することができます。

顎先が眉頭と同じくらいに前に出ている、もしくは眉頭よりも前に出ている形状は、「自分一人の力で、思い描く野心を実現できる」ということを表わし、独立、起業に向いているといえます。

ただ、ものすごく顎先が突出している方、**顎がまるで長靴の先っぽのように眉頭からニョキッと突出している場合は、「強引さ」を表わし**、実現力が強すぎて、自分の意見を相手に押し付けてまで納得させる、針の穴にうどんを通そうとするような、強引で勢いのあるタイプとなります。

一方、**眉頭よりも顎先が後退している形状は、自分の野心の実現のためには、顎が後退しているぶんを前に押し出してくれるような、誰かの存在なり、後ろ盾なりが必要なことを表わします。**

つまり、会社に所属するか、もし独立・起業するのであれば、一人でなくパートナーを見つけることが、理想をより早く実現することにつながるということなのです。

ちなみに、顎先の形との組み合わせで、正面から見ると顎先がどっしりと平らで、自信も野心もあるけれど、横から見て眉頭より顎先が後退しているタイプの方。この方が一人で起業したいのであれば「今ではない」ということになります。

定期的に横顔の写真を撮っていただき、今よりも顎先が前に出たら「そのときが来ました」というサインです。

このように、顔は自己バロメーター、**大切な「私の今」を見逃さないためにも、まずは「私の顔」**なのです。

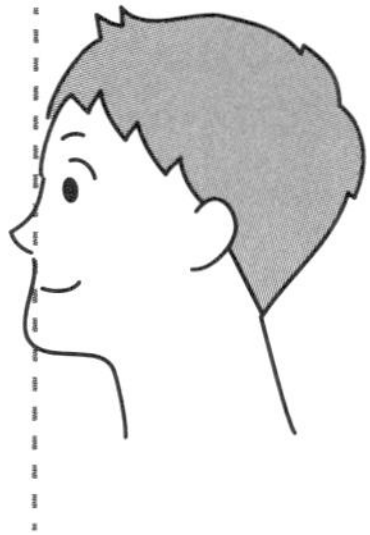

顎が出ている

→野心を自分で実現

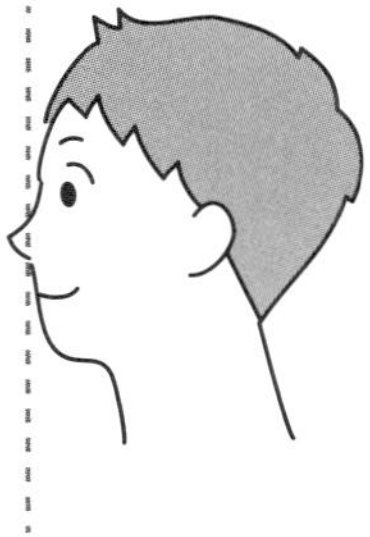

顎が出ていない

→実現には後ろ盾が必要

横顔が表わしているものこそ「その人の本性」

実は、顔には二面性があるのです。

その二面性をどこで見るかというと、「正面の顔」と「横顔」。**正面の顔は「社会的な顔」を表わし、横顔は「その人の本性」**を表わすのです。

理由はいたって簡単。正面の顔は、お化粧やメガネなどの小物使いで、いかようにも細工が可能。「つくろえる」ので、表向き・社会的な顔なのです。

一方で、そうはいかないのが「横顔」。

今日は意見を強く相手に伝えたいから「鼻筋の傾斜を高め」、じっくり考えたい日は「額の立ち上がりを垂直に」、などと、その日の気分でどうにかなるものではありません。

だからこそ「本性」なのです。

◇「印象」ではなく「本性」を正確に見抜くには？

たとえば、虫も殺さぬようなおとなしそうな女性。その彼女の横顔が、「なんだが全体が前に張り出している、まるでブルドーザー」のようであるならば、本当の彼女は超パワフル。男性のみなさん、か弱い彼女を「俺が守ってやらなきゃ」なんて思うのは早合点、強い彼女に「俺を守って」が正解です。

これとは逆に、筋肉もりもりキン肉マン、無敵キングのような男性。その横顔が「あれれ、繊細できゃしゃな感じ。おまけに脆さを感じる、まるでガラス細工」のようであるならば、彼の本性はまさにガラスのように傷付きやすい繊細男子。些細なひと言で撃沈、小虫に「キャッ」、問題に直面すればオロオロしちゃって簞笥の陰に隠れてしまうタイプなのです。

もちろん、このようなギャップがお好きな方にはもってこいではありますが、「それは困る」と思われるみなさん、**初対面、まずは「正面と横顔チェック」**をお忘れなく。「こんなはずじゃなかった」は、最低限避けられるはずです。

おまけ

飼うなら「人懐っこい」犬がいい？

相貌心理学——顔の形状からの内面理解は、人間だけに当てはまるものではありません。

人間だって「動物」です。そう考えると、ほかの動物にも相貌心理学の顔分析が当てはまってもおかしくはない、というわけです。

もちろん、すべての動物に当てはまるというわけではありませんが、いくつかの動物たちには当てはまるのです。

その代表が「犬」。

たとえば、輪郭形状が四角のいわゆる**ディラテタイプの犬種「パグ」**は、外向的で陽気、好奇心旺盛で遊ぶことが大好き。これは人間の輪郭ディラテタイプのコミュニ

ボルゾイ

レトラクテタイプ
→内向的

パグ

ディラテタイプ
→外交的

ケーションスタイルとまったく一緒です。

一方、輪郭が細長い**レトラクテタイプの犬種、たとえば「ボルゾイ」**は内向的。甘えん坊というよりは、自分が選んだ飼い主にそっと寄り添うタイプ。繊細で叱りすぎるとナーバスになってしまう一面もあり、環境の変化も苦手。

こちらもまさに、人間のレトラクテタイプのコミュニケーションスタイルと一緒なのです。

◇初めて犬を飼うときは…

同様に、たとえばコミュニケーションの窓口である「目」が小さい「柴犬《しばいぬ》」や「チャウチャウ」は、いわゆる選択の欲求が強いタイプ。そして正面から見ると凛々《りり》しくピンと立ち上がった耳は、「独立心旺盛」な証《あかし》。

となると、犬を飼うのが初めての方や、保護施設で成犬を引き取る際にこのタイプの犬を選ぶのには、少々難しさがあります。なぜならば、決めた相手には強い忠誠心を発揮する犬種。それゆえに「お前を飼い主に認定してやる」と、まずは犬に選んでもらわなければ、どうにもこうにもコミュニケーションが始まらないからです。

一方、「チワワ」や「シーズー」のように、目がパッチリ開いた犬種は、コミュニケーションの窓口が大きく開いており、誰でも比較的寛容に受け入れるタイプ。ですので、懐《なつ》きやすい、飼いやすいともいえるのです。

このように、「初めて犬を飼うとき」や、「自分の性格に合う犬を探す際」に、犬の顔の形状から性格傾向を理解して選ぶというのも一案です。

もちろん、犬の前に、ご自分のお顔の分析もお忘れなく。犬よりも扱いが複雑なのがあなたかもしれませんからね。

Column

あの人のお顔を勝手に大分析！

「宇宙レベルの展開力＆超現実的思考」村上春樹

独創的な世界観といった抽象的な想像力と、現実に根ざした展開力に働く想像力のバランスが、ブラボーと叫ばずにはいられないのが**村上春樹**《むらかみはるき》。

おまけに、どっしりとした四角い輪郭が現実との強固なつながりを表わし「夢じゃあ、飯は食えねぇよ」と言わんばかりの超現実主義者。

ゆえに、何もない0から1を生み出すことよりも、1を2にするほうがお得意。その業《わざ》はまさに宇宙レベルで無限大。目の前に1があればそれを100にだって、1億にだってできる素晴らしい展開力をおもちです。

そして、その展開力を後ろで支えているのが、絶大な好奇心の旺盛さと、**張り出した眉毛の上の形状が表わす、ものすごぉ〜い洞察力**。爪楊枝《つまようじ》で重箱の隅をこれでもか、とほじくる、凄腕の持ち主です。

ほじくり返したあとは、つぶらな瞳にかぶさるような瞼《まぶた》が、重要なところに「きゅ〜〜っ」とフォーカス。

こちらのつぶらな瞳、かつ奥まった目は、選り好みがもの凄く激しいことを表わし、同時にモノゴトに固執する傾向があるため、「視野の狭さ」ということを表わすのですが、彼は別。

視覚から入る情報や知識にはとっても寛容。なんでもまずは先入観をもたずに受け入れてみるというのが彼のスタイル。こちら、下瞼の肉付きの豊かさから理解できることです。

が、それ以外のことは確固たる「オレの価値観」で見定めるために、融通が利かない超頑固タイプ。また、モノゴトの「使える・使えない」の判断が明確で、使えないモノはバシバシ切ります。それは、人もモノも一緒。

そして、欲張りな彼は、ほしいものはガシッと自分の懐《ふところ》に入れたいタイプ。気の向くままに世界を旅するなどといった遊牧民スタイルではなく、どっしり定住・安定を好むタイプでもあります。これは、**鼻先の形状がニンニクのような「ニンニク鼻」**から理解できることです。

彼の顔は、**目鼻口が顔の中央に寄り気味で額縁のように顔の余白が広め。**という ことは、自分ファーストタイプ。常に自分中心なので、たとえ輪郭がどっしり四角い形状のディラテタイプでも、淋しがり屋ではございません。

なぜかといえば、彼にとって**使えない人とのコミュニケーションは時間の無駄遣いにほかならない**からです。ちなみに、彼にとっての「使えない人」とは、彼の知的好奇心を満たすに足る、知識のキャッチボールができない人のこと。

そして高みを目指す方にしばしば見られる、唇の上下の厚みの差が表わす、「理想と現実とのギャップ」。

彼にとって、この**理想と現実とのギャップこそがモチベーションの種。**そして高い理想がつくる、決して埋まることのないこの理想と現実とのギャップがあるからこそ、さらに上を目指す向上心を育むことができるのです。

宇宙レベルの展開力、そして切れ味キレッキレの村上取捨選択ばさみで余計なものを切り捨てる、これ以上にない無駄のなさが、最小限の言葉で、最大限に世界を描いてしまう、村上ワールドをつくり上げているといえるのです。

第4章

顔のパーツを見れば ホンネ・思考までお見通し

「目」は情報、
「鼻」は愛情の窓口!?

十人十色の「個性の違い」もズバリ分析！

ここまで、様々な秘密情報をご紹介してきましたが、十人十色というように、10人いればその個性も様々。

となれば、まだまだあります、その個性の違いを表わすみなさんのお顔の秘密情報。顔には、開閉する「目」や「口」をはじめ、中央部には四六時中開きっぱなしの「鼻の穴」という出入り口があります。さらに、顔の左右には「耳」もございます。こちら、ダンボのようにパタパタとはばたかせ、大空を飛ぶためのものではございませんが、その形状にも必ず意味があります。そう、**「秘密情報がない」なんてことはないのです！**

となれば、ご紹介しないわけにはまいりません。焦る気持ちは茶箪笥に、どうぞゆっくりページおめくりください。

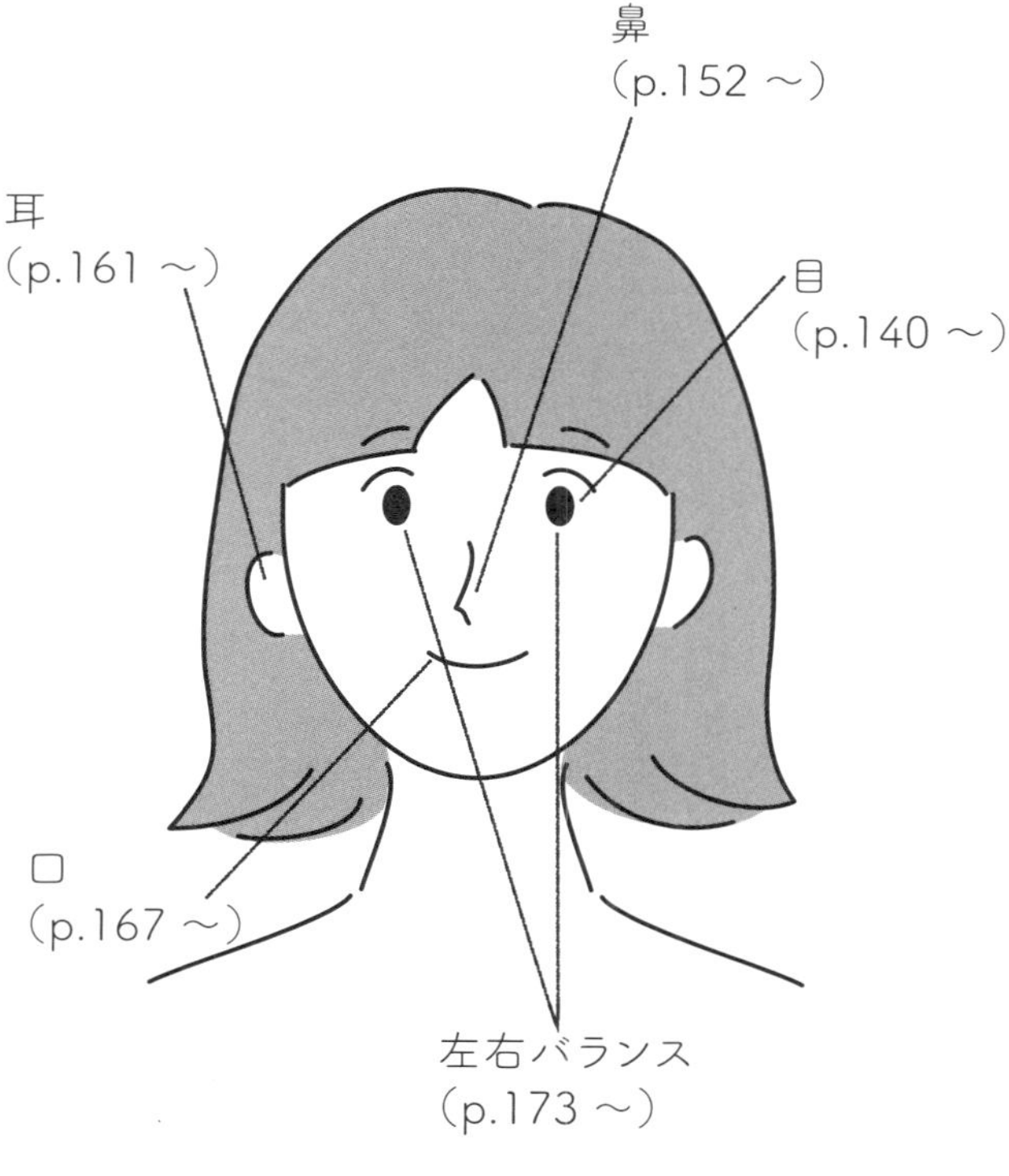
鼻
（p.152 ～）
耳
（p.161 ～）
目
（p.140 ～）
口
（p.167 ～）
左右バランス
（p.173 ～）

目は情報の受け入れ窓口

思考ゾーンにあいている穴、それが知識や情報の受け入れ窓口「目」です。**「目がパッチリ開いている＝情報の受け入れ窓口が大きく開いている」という理解ですので、このタイプは、好奇心旺盛。**目から入るすべての情報収集に貪欲です。何事も「まずは、受け入れてみる」ということが、「まずは、選ぶ」ことよりも優先。

では、「目が細いタイプは、好奇心旺盛でないのか」となりますが、そんなことはありません。目が細くたって、好奇心旺盛の方はたくさんいらっしゃいます。

目が細くても、**目と目の間隔が眼球1個ぶんより広い形状ならば、好奇心旺盛タイプ**です。視野が左右に広がるという理解で、好奇心の旺盛さにつながるのです。

こちらの「目が細い＋目の間隔が広いタイプ」は、「まずは、選ぶ」が「まずは、受け入れる」よりも優先。なぜなら、**目の細さは「選びたい」という選択の欲求を表**

「まずは、選ぶ」

「まずは、受け入れる」

わすからです。ちなみに、目が細くなればなるほど、選びたい欲求は強くなります。

何かを吟味《ぎんみ》する際、目を細めますよね。「細い目」はまさに「吟味したい目」なのです。

ちなみに、後者の目と目の間隔が離れている好奇心旺盛タイプは、選ぶために幅広い種類の情報を欲します。たとえばお見合いでは、お相手候補に公務員のAさん、銀行員のBさんに自営業のCさん……というように、様々な種類（タイプ）を欲します。

一方、前者の目がパッチリ開いた好奇心旺盛タイプの方が求めるのは、種類ではなく情報量。相手はたった一人でもかまわないけれど、その相手についての情報はいっぱいほしい、という理解になります。たとえば、お相手の家族構成からはじまり、将来の両親との同居の可能性、趣味に休日の過ごし方、犬派か猫派か……などなど、とにかく情報量がほしいのです。

そして実はこの理解、ビジネスに応用可能のすぐれもの。

たとえば、お客様に提案する商品。**品揃えの豊富さで攻めるか、それとも1点に絞って情報量で攻めるか、迷ったときにはお客様の「目」をチェック**です。

◇パッチリ×離れ目さんが気移りしやすい理由

目がパッチリ開いて、かつ目と目の間隔が離れているW好奇心旺盛タイプは、量も種類も、とにかく情報がほしい。あっちにこっちにと、ついつい好奇心が向きがちです。となると、目が向く方向に気持ちが向いてしまい、**目移りが気移りになりやすいタイプ**となるのです。

しかしこの目移り、あっちにこっちに向く好奇心は、言い換えれば、エベレスト級に高い、流行や情報のキャッチ力ともいえるのです。

たとえば、広報やプレス、ファッション雑誌の編集など、情報キャッチ力の高さを活かしたお仕事はまさに適職。飽きっぽさは、次から次に変わる流行を追う素晴らしい能力として発揮されるからです。

もちろん、すべての人が好奇心の旺盛さを職業に活かせるとは限りません。とはいえ、自分が「目移りが気移りになりやすいタイプ」ということを理解しているか、そうでないかでは、大きな違いになります。

目移りが気移りとなり、「逃がした魚は大きかった」なんて後悔も、未然に防ぐことができますしね。

◇目と目の間を見れば「集中力の高さ」がわかる

目と目の間が眼球1個分より広いのが好奇心の旺盛さを示すならば、**目と目の間が1個分より狭いのが「集中力の高さ」を表わす形状**になります。

こちら、「寄ります、寄ります中央に」ということで、一点ガン見の集中力が高いタイプ。したがって、集中するとほかが見えなくなってしまうというおまけつき。

集中力が誠実性に
なるタイプ

集中力が重荷に
なるタイプ

こちらの一点ガン見の集中タイプは、モノゴトを一つ一つこなせば、本人がもっている才能をいかんなく発揮できますが、同時進行やマルチタスクは苦手です。

このタイプに何かをお願いするならば、「一つ一つ」が必要不可欠。もし、どうしても同時に複数のことをお願いしたいならば、優先的に終わらせてほしい順番も一緒に伝えるのがベスト。

そしてこちらのタイプ、恋愛ならば相手に集中しすぎて「重荷になるタイプ」です。いつでもかまってほしい「かまってちゃん」には、もってこいのお相手ですが、「私は自由を求めて大空を飛ぶ鳥よ」というのがキャッチフレーズの方にとっては、漬物石より重い存在になるかもしれません。

「重荷にならない集中力タイプはいないの⁉」と、大空を羽ばたきながら探しているみなさんに朗報です。もちろんおります。

それは、**目と眉毛の間が狭い形状**の方。おまけにじっとあなたを見つめるその集中力は、言い換えれば誠実性ともなるものです。

◇重力に負けない目尻が示す「意志の強さ」

みなさんは、「ネコ目」の相手に対してどんな印象を抱きますか？

きっと、一番多いお答えが「気が強い感じ」ではないでしょうか。

「それはなぜか？」と考えてみれば、〝リンゴがポトン〟の「万有引力の法則」がキーワード。

こちらの法則、簡単に言えば「地球上には重力があるので、支えがなければモノはすべて下に落ちる」ということ。

となれば、目尻も支えがなければ下にストンと落ちるはず。にもかかわらず、重力に反して「キュッ」と上に上がっているのですから、そのお顔の印象が「気が強そう」となるのは当然です。そして、みなさんの印象に違《たが》わず、上がった**目尻が表わす意味はまさに「意志の強さ」**なのです。

目尻の理解は、目頭から耳のほうに1本線を引き、目尻がこの線より上がっているか下がっているかで判別します。

目尻が上がれば上がるほど、「私の意志は重力なんかに負けるものですか」と言わんばかりに、どんどん意志の強さが増していきます。目標に向かい、ひた走っているときには必要不可欠なこの「意志の強さ」。人の言うことすべてにいちいち耳を傾けていては、目標達成などできませんからね。

しかし、目尻が上がれば上がるほど、意志の強さが「強情さ」となり、自分の考えに固執しすぎて視野が狭くなってしまうこともあるのです。

意志の強さは大切。しかし、人生いかなるときも柔軟な思考ができることは、もっと大切です。最近、「目尻がちょっと上がり気味だな」と感じたら、一度立ち止まって深呼吸することをお忘れなく。

一方、重力に逆らわずに身を任せる**「下がり目タイプ」は、聞き上手、見つめ上手**

聞き上手

意志が強い

であることを表わします。

ちなみに、名脇役といわれるような役者さんは下がり目タイプが多い、なんてこともしばしば言われます。「自分が前に出すぎず、主役を物語の中で引き立たせる」名脇役の技量は、自分の役柄のみならず、すべての役柄や状況設定への深い理解、「見つめ上手」なしには、成り立たないからです。

しかし、こちらの下がり目も、重力に身を任せすぎた、目尻の下がりすぎは、優柔不断で人に流されやすいタイプとなります。

◇「情報精査力」を表わす目頭の切れ込み

「目頭切開」は、女性に人気の美容整形の

ようです。となると考えるのは、「なぜ目頭に切れ込みを入れたいのか」ということです。

もちろん、「みんなが入れているから」や、「自分の好きな女優さんの目と一緒にしたいから」など、理由は様々でしょうが、視点を変えて考えてみると、美容整形に求めるお顔の形状から、「なりたい自分の内面」を理解することができるともいえるのです。

たとえば、「パッチリ開いた目」は、「目という開かれた知識の窓口が、どんな情報もすかさずキャッチしたい好奇心の旺盛さ」を表わし、同様にそれがまわりに与える印象となります。

ということで、その印象を内面理解に紐付けて考えてみると、「細い目」から「パッチリ開いた目」に形状変化をさせたい方は、「開かれた窓口＝外向的な人」になりたい、という願望があることが理解できるのです。

では本題の**目頭の切れ込みが表わす意味はというと、「私の確固たる価値観で情報を細かく精査させていただきます」**です。となると、まわりに与える印象と変身願望は「知的で繊細なクールビューティー」。

外見の変化のみがクローズアップされ、「美への追求」という印象の強い美容整形ではありますが、視点をちょっと変えて、なりたい自分の内面を意識して整形するのも一案。顔に内面が引っ張られるっていうこともあるからです。

整形で目をパッチリにしたら、性格が明るくなった、という話がまさにそのいい例ではないでしょうか。そして、お化粧がうまくいった日は、なんだか気分がウキウキ、行動も積極的になりますが、「ゲッ、眉毛が太すぎて昭和のアイドル」なんて日には、気分は落ち込み、行動も消極的になります。これらもまた、まさに顔に内面が引っ張られているということなのです。

この効果、うまく利用すれば**「モチベーションのうなぎ登り効果」**として大活躍。そうなれば、人生もうなぎ登りできっと順風満帆になるはずです。

知的で繊細な
クールビューティー

◇瞳に表われる「心の黄色信号」

「あ～疲れた」と言うとき、「どぉしよう」と困ったとき、みなさんは思わず空を見上げたりしませんか？

それは、想像のなかに安住の地を見つけ、大変な現実から逃避したい気持ちの表われ。自分の考えが、現実離れすることなく、しっかりと地に足ついた状況では、瞳の黒い部分が下瞼にしっかりと接地した形状ですが、**現実逃避傾向が強くなると、瞳は「上に上に……」**で三白眼《さんぱくがん》がつくられる、と相貌心理学では考えます。そしてこちら、実は**「心の休憩が必要です」**のサインなのです。

三白眼が顔に表われたら、自分の置かれている環境や状況をただちに「チェンジ」がベストですが、人それぞれ事情があるのでそう簡単にいかないのも現実です。

しかし、それでもできることがあります。それは、一人でストレスや悩みをため込まないことです。近しい人に心の内を話せないのならば、心のケアのプロを訪ねてみるのも一案です。

三白眼
→心の休憩が必要

通常の目

心の落ち込みは「心の風邪」。誰もがかかるものなのです。

日本はいまだに、心理カウンセリングを受けたり、心療内科を受診したりすることに対してハードルが高いのが現実です。しかし、世界に目を向ければ、内科や耳鼻科などにかかるのと同じようなもの。

たとえばフランスでは、「自分の話を聞いてほしい」、それだけで心理カウンセリングを受ける方もいます。日常生活における肉体的なケアが整体や鍼灸《しんきゅう》なら、心のケアが心理カウンセリングなのです。

「三白眼」がお顔に表われたら、心の風邪。「早め、早めの……」と風邪薬のCMではありませんが、早め早めの対処が得策です。

鼻を見れば「ホンネ」はお見通し？

鼻の役割は、「外から入ってくる空気を素早く温め加湿する」「においを嗅ぐ」。

このような素晴らしい役目を担っている顔の中央部のトンネルですが、鼻の役目はそれだけではございません。

鼻筋は愛情の通り道。いうなれば**「愛情の選択＋吸い取りトンネル」**。

鼻筋が太ければ、太さに対応して愛情がいっぱい吸い取れますし、細ければ少ししか吸い取れない、という理解になります。

ということで、鼻筋の太さから、「あなただけに愛されたい」タイプなのか、「みんなに愛されたい」タイプなのかを理解することができるのです。

細い鼻筋は「あなただけに愛されたい」タイプ。

太い鼻筋は「みんなに愛されたい」タイプになります。

太い鼻筋
「みんなに愛されたい」

細い鼻筋
「あなただけに愛されたい」

ちなみに、みんなに愛されたい鼻筋の持ち主は、淋しがり屋。そして、「みんなによく見られたい」という欲求が強くなります。

◇鼻の穴が隠せない人は ホンネも隠せない

「私って、本当に嘘がつけないんだよね」という方。

鼻の穴、黒丸二つが正面から丸見えのタイプは、ホンネを隠せないタイプです。隠し事ができず、ホンネがつい「ポロッ」と出ちゃいます。

一方**「黒丸二つが見えないタイプ」は、本音と建て前の使い分けの上級者。心の奥**

底はなかなか語らない、秘密主義者です。

もちろん、すべてを語るのがいいとは言いませんが、自分はなんでも隠さず話すのに、相手は何も話してくれない、となると、コミュニケーションに温度差が生じることは否めません。

私がよく受ける相談内容に、夫や子ども、友人や同僚が**「いったい何を考えているかわからない」**というものがあります。

みなさんも同じようなお悩みを抱えているならば、早速、鏡でご自分の鼻の穴がちゃんと見えるかをチェックです。黒い丸二つが見えないならば、あなたの抱えているお悩みは、実は相手があなたに抱いている悩みそのものでもある、といえるのです。

コミュニケーションはキャッチボールです。こちらが50のボールを投げたら相手も50のボールを投げ返すのがバランスのよさというもの。

お互いにとって心地いいコミュニケーションには、バランスのいい関係が必要不可欠だからです。

相手のことがわからないときこそ、まずは自己の感情表現がちゃんとできているかどうかを再確認することをおススメします。

◇「愛情キャッチの感度」は**小鼻の肉付き**でわかる

鼻の穴は「愛情の受け入れ窓口」。

「愛情」と聞くと、みなさんの関心ボルテージが急にアップ。当然です、愛情に関心がない人などは、おりませんからね。

手に持っているポテトチップスも柿の種も、一気に口に放り込み、本に集中です。

「愛情の受け入れ窓口」である小鼻の肉付きも、「肉付き」には変わりありません。ということで、顔の肉付きと同様の理解となるのです。

つまり、**小鼻の肉付きが薄いタイプは感受性がむき出しで、愛情キャッチ力が超敏感**。相手の愛情表現は、小さなことでもすかさずキャッチするのです。

たとえば、自分の皿だけがいつも何気に大盛り、特別扱いをしてくれる社食の配膳係まさみちゃん……。

小鼻の肉付きが薄いまさるくんは、たったこれだけの情報から、まさみちゃんの気持ちをビビビッと敏感にキャッチ。「わかってるって、君の気持ち。俺にラブなんでしょ」となるわけです。

一方、もちろん鈍感なタイプもいらっしゃいます。

愛情キャッチ力が鈍感なタイプは、小鼻の肉付きが厚い形状。愛情の窓口が厚い肉で覆われているので、繊細な情報はキャッチできないのです。

ちなみにこちらのタイプに、何気なく、チラチラチラ見で愛する気持ちを伝えようとするのは「ブー」、得策ではありません。

「さっきからジロジロこっちを見ているけどさぁ～、俺の顔に何かついている？」程度の返答が関の山。これでは、乙女心はズタズタです。

小鼻が肉厚タイプに、まわりくどい演出などは必要ございません。好きなら「好き」と直球勝負が一番効果的だからです。

愛するあの人への愛の告白。**まずはじっと、相手の小鼻の肉付きをガン見、がその恋愛を制するキメ手**です。

◇鼻筋は考えたことを外に出す滑り台

「あの人って、話は面白いんだけど、行動はイマイチなんだよね」と言われる人、近くにおりませんか？　もしくはご自身。

このような方は、頭の中ではとても面白い考えを膨らませるのですが、実際に行動するとなると、「成功が約束されていること」や、「みんながいいねと言ってくれる答え」を選択しがちで、行動に勢いがなくなり、イマイチな結果となるのです。

鼻筋というのは、頭で考えたことが外に出るための滑り台。

横顔を見たとき、鼻筋の傾斜があればあるほど、自分の考えや意見を勢いよく相手に伝えることができるという理解になります。

「安全牌《パイ》タイプ」の方は、考えたアイデアがビュンビュンと勢いに乗って、鼻筋を滑り降り「それいくぞ！　ジャーンプ！」のときに、そのままの勢いが保てず、考えがストンと落下してしまうのです。

つまり、**安パイを選びがちな人は、鼻先の形状が丸く下に落ち込みがち**。ここぞというときに、勢いが減速してしまうのです。

もちろん、安パイを選ぶことは悪いことではありません。

しかし、高い理想や目標を掲げるならば、安パイだけを選んでいては実現できないというのも事実。ときには、いつもは選ばない選択や、みんなの顔色をうかがわずに自分の意見を伝えてみることも大切です。


そして、ちょっと気が強そうに見える、**鼻先が上向きな形状は、「人に操られやすい」**ことを表わします。

このタイプ、なかなか人を信用せず、ちょっとやそっとでは人を受け入れません。

しかし、この強さゆえ、自分を守る高い塀を相手が乗り越えてきて、一度中に入られてしまうと、相手の言いなり、相手の思うがままになりやすい傾向があるのです。

たとえば、誰かの教えや教訓。はじめは懸念を示し「無理、無理」と言っていたにもかかわらず、相手に一歩足を踏み入られれば、相手にどっぷりに大変身。

このタイプ、鼻先のツンとした形状が重力に逆らうかのごとく、勢いも強いタイプで、一度信じれば「どこまでも信じきるわ」となってしまうのです。

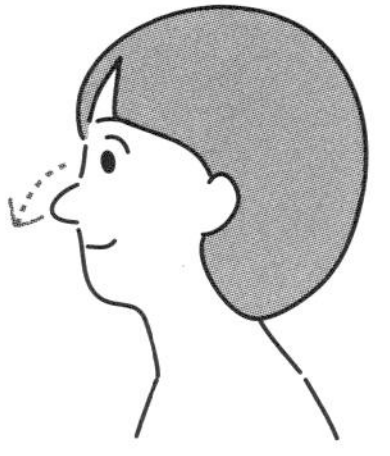

鼻先が丸く下向き
→安全牌を選びがち

鼻先がツンと上向き
→人に操られやすい

ご自分の鼻がツンと上向きのみなさんは、「自分は人に操られやすい」と頭の隅にメモ書きを。このご時世、悪魔のささやきが甘い吐息をふぅ～と吹きかけることがないとも言い切れません。備えあれば憂いなしです。

◇ハングリー精神旺盛な鼻とは？

正面から見て、鼻先が矢印のような形状で下に向かって垂れ下がっているような鼻は「否定の鼻」。「そうじゃないんだ」「違うんだ」と、何事もまずは否定から入るタイプ。

かの有名な**スティーブ・ジョブズ氏**の鼻

がとってもいいサンプルです。

お顔に否定の鼻だけがあるならば、「否定的な考え方の人」。しかし、この否定の鼻とともに、**目の細さが表わす「理想主義志向」と、唇の薄さが表わす「完璧主義行動」がトリプルでお顔に表出しているならば**、ビンゴ！

否定の鼻が功を奏し、モノゴトを否定することでさらなる高みを目指す、素晴らしいハングリー精神を表わすものとなるのです。

このように、一見ネガティブな内面の表出に見えかねない顔の形状も、ほかの形状の表出と重なり合うことで、ポジティブな内面を表わすものとなるのです。

ちなみに、細い目と細い（薄い）唇の「W細タイプ」は、自己の理想実現には痛みをともなうストイックさが快感になるタイプ。言い換えれば、痛みやつらさが原動力。痛いほど、つらいほど俄然頑張れるタイプなのです。

痛みも快感も感じ方は十人十色、まさに人それぞれです。

慎重派か、行動派か――耳を見ればわかる

ピアスにイヤリング、イヤーカフなどで素敵に飾る、みなさんの耳。音を聴く穴に、効率よく音を集めるためについている耳穴回りのピロピロ、耳介《じかい》。この耳にだって、あなたの情報が満載です。

実は、みなさんの耳の形状、行動にブレーキが強くかかる「自己制御が強いタイプ」なのか、もしくはアクセルの踏み込みが強い「勢いが強いタイプ」なのかを理解することができるのです。

耳のつき方がほぼまっすぐなのが、「ブレーキ」が強いタイプ。

行動を起こす際、黄色の信号できちんと停車する慎重なタイプです。しかしこの慎重さ、ときに過剰に働きすぎて青信号でも停止させてしまいます。青信号での停止とは、つまりは慎重すぎる過剰な自己否定。自分の可能性の芽を摘み取ってしまうこと

と同じなのです。モノゴトがなんだかうまくいかないそんなとき、ブレーキタイプのみなさんは「必要以上に自己否定をしすぎ」かもしれません。

一方、**ブンブンすっ飛ばすアクセル全開の「勢いタイプ」は、耳の付き方が傾斜し**ています。

このような方は、アクセル全開で常に突っ走ります。ということで、常に動き、変化を求めるので、「飽きっぽい」のが特徴。この「飽きっぽさ」、ネガティブにとらえると短所となりますが、活かせば立派な長所にもなるのです。

「飽きっぽさ」を「変化を好む」と解釈し、職業選択に活かしてみるのも一案。なぜなら、短所を活かし長所にすることで自信がつき、向上心を育むことができるからです。

たとえば、変化を好む方におススメの職業が、あっちにこっちに飛び回り、接するお客様も常に変わる、航空会社の客室乗務員やツアーコンダクター、イベントプランナーなどです。

常に変わる環境に好奇心が満たされ、もっともっと、と向上心が刺激されるはずです。ところで、**「飽きっぽさは変化好き。だから向上心からレベルアップを求めて、パー**

トナーもちょくちょく変えます」と、自分の都合のいいように解釈されるみなさん。別れの理由を「ブゾンが言ったから」と言っていただいてもかまいませんが、お相手からのクレームは一切お受けできませんので、悪しからず。

◇「ピンチをチャンスに変えられる」耳とは？

横顔で耳が斜めについていたら、ブレーキよりもアクセルが優位なタイプ。

ブレーキタイプ

アクセルタイプ

常に変化を求め、変化を肥やしにする、言い換えれば「実践すり合わせタイプ」なのです。

この「実践すり合わせタイプ」とは、「何事もやってみなきゃわからない」をポリシーに、まずは進んで、失敗したらそこで軌道修正をするのが得意なタイプ、ということです。だからこそ、**「ピンチをチャンスに変えられるタイプ」**ともいえるのです。

ちなみにこちらのタイプ、変化を求めるがゆえに飽きっぽいのです。目標設定をする際は短いスパンで細切れに設定し、目標をクリアし続けることがモチベーションをキープする秘訣です。

「あ~私の耳は、まっすぐ」と、ため息とともに肩を落とし、うなだれ気味のみなさん、心配はご無用です。言いましたよね？　顔は変わります。もちろん耳の傾斜だって一緒です。

それには何よりまず、「一歩進んだその先の未来は、誰にもわからないもの」ということを、心に留めておく必要があります。

なぜなら常に、今日の小さな一歩が、明日の大きな一歩をつくるから。

「失敗した今日の自分」は、「一歩を踏み出せなかった昨日の自分」とはまったく異なるのです。たとえ小さくても、その一歩を踏み出すごとに視界は変わり、視界が変われば考え方も変わるもの。

今日の失敗は、見方を変えれば、よりよい明日への一歩のための、貴重な経験なのです。「失敗」も「経験」にしながら、明日への一歩を踏み出せば、ある日あなたも「ピンチをチャンスに変える」素晴らしい能力を手にするはずです。そうなれば、もちろん、おのずと耳も傾斜しているでしょう。

◇「耳が正面から見える人」は独立心旺盛

「何があったって、私一人でやってみせるわ」――独立心の旺盛さが滲《にじ》み出ている言葉です。まさに、一人で勇敢に戦いに挑む、ジャンヌ・ダルクそのもの。

この**独立心の旺盛さは、耳がダンボのように立ち上がって、正面からよく見える形状**が示しています。

ちなみに、世の中で活躍されている方々は、もれなく正面から耳がよく見える方ばかり。政治家などは、耳が正面からあまり見えない方を探すほうが難しいぐらいです。

耳がねている
→協調性が高い

耳が立っている
→独立心旺盛

ほかにも、活躍されている俳優の方々もみなさんお揃いで、耳が正面からばっちり見える方ばかり。髪で隠れているその下のお耳、「実はダンボ」というのもよくあるパターンなのです。

一方、**正面から見えない耳というのは、「みんなとの協調重視」、言い方を換えれば「ことなかれ主義タイプ」**ということになります。

ちなみに、よく聞かれる耳たぶぷっくりの「福耳」の意味ですが、残念ながら相貌心理学でのお取り扱いはございません。

口を見れば、自分・他人との向き合い方がわかる

「たわわな胸が服の脇からポロリンしている、グラビアアイドルのお顔」と聞いて、すぐに思い浮かぶものといえば……、それはきっと「色っぽい唇」ではないでしょうか。

そしてその色っぽい唇、よ～く見れば、いつもなぜか少々開き気味。決して固くキュッとは閉まっていないことに、みなさんお気付きでしたか？。

じつはこちらの**開き気味な唇、「私、自分にダメ出しができないの」**、つまり**「自分に甘いタイプ」**を表わすのです。

だからこそ、グラビア女性の開き気味の唇が、まるで甘い吐息とともに、「自分にダメと言うのが下手なわ・た・しだから、あなたのものになっちゃうかも」と語りかけてくるような錯覚に、グラビアページを閲覧中のみなさんは、夢見心地になれるの

ではないでしょうか。

一方、**キュッと固く閉まった唇は、「自分にダメと言うのが上手」、つまり「自分に辛口、手厳しいタイプ」**となります。

もし、セクシーなグラビアアイドルの唇がキュッと固く閉じていたならば、「あたいは手厳しい女よ、簡単にあんたのものになんかなるもんですか」になりますから、いくらセクシーなポロリンポーズでも、これでは夢見心地どころか意気消沈です。


ところで、今や電車に乗るとほとんどの人がスマホを触っていますが、そんなスマホいりじ隊のみなさんも、口がパカッとご開帳されている方が多いものです。

もしかしたら前にお座りの方が、この本片手にこそっとあなたの顔をチラ見、半開きの口でボーッと画面を見つめるあなたは「自分に甘い人」のいいサンプルに。飲み会の席で「この前、電車でさぁ〜」の話のネタにされることが決定です。

「ネタにされたくない」のでしたら、口はしっかりきっちり閉めましょう。

ファスナータイプ
→言葉が冷たい

クッションタイプ
→言葉が温かい

◇唇の厚さは「言葉の温かさ」

口から出る言葉が冷たいのは、唇が薄い「ファスナータイプ」、言葉が温かいのは唇ぽっちゃり「クッションタイプ」。

これが唇の厚みが表わす意味となります。

決して悪気があるわけではないのに、言葉が冷たい「ファスナータイプ」。なぜに言葉が冷たいのかといえば、ただたんに発言が的を射すぎているがゆえ。緩衝材的な役割をする肉付きがないので、発言がストレートに相手を直撃するのです。

ちなみにこちらのファスナータイプ、選ぶ言葉は的確なので、意見を求める相手としては、適任です。

しかし、今日は優しい言葉をかけてなぐさめてほしい、という日などには、言葉でさらに傷をえぐられることもあるのでおススメしません。そんなときには、唇の肉付きがぽっちゃりの「クッションタイプ」の方のもとへと走りましょう。温かみのある優しい言葉で励ましてくれるはずです。

◇「なぜかうまくいかない」ときは唇にヒントがあるかも

高い理想を掲げる理想主義のみなさん。

唇の肉付きが「ぽっちゃり」で「若干開き気味」ならば、実は四角い部屋を丸く掃除するタイプ。

したがって、理想を実現しようとすると、なぜか結果はいつも「あれれれれ、なんだか違う」になりがちです。

なぜって？　**「詰めが甘い」**からです。「別名おおらかさ」という「大雑把さ」が、最後の詰めを「まっ、いいか」で終わらせしまい、結果、自分が思い描く高い理想とはかけ離れたものとなってしまうのです。

これとは逆に唇が薄いタイプは、他者や自分への手厳しさや**完璧主義**があだとなり、自分の才能までも手厳しく批判。才能は開花する前のつぼみのままで開かずショボン。これでは高い理想には到達できません。

先ほどご紹介した安パイを踏みがちな「保守的な鼻」も同様です。

「なんで成功できないの……」と悩む前に、まずはご自分の顔をチェックです。

自分に足りない、成功に必要なものさえ理解できれば、成功を手に入れたも同然ですからね。

◇美的センスを表わす上唇の「M」

「センスがいいね！」とよく言いますが、「センスがいい」とは、簡単に言えば「表現方法が上手」ということになります。

たとえば、同じTシャツをAさんとBさんが着ていても、なぜかAさんのほうが素敵に着こなしている、なんてことがありますよね。それは、Aさんのほうが**そのTシャツをよく見せる表現力をもっているということ**なのです。

「美的センス」ともいうこの表現力には、文章の流れをつかみ、的確な言葉を選ぶセンスといったもの含まれます。

美的センスのよさを表わすのは、ローマ字「M」のようにくっきりと強調されたラインの上唇です。

そしてこの上唇のM字が、もしぽっちゃりとしたふくよかな唇に描かれている場合には、もう一つの意味**「官能欲求の強さ」**が登場します。

と、ここで思い出していただきたいのがマリリン・モンローのお顔、それも唇です。

彼女の唇の形状は、肉付きがぽっちゃりでM字がくっきり。まるで計算されたかのようなマリリン・モンローの唇こそが、世界最高峰の「官能欲求の強さ」を表わすセクシー唇なのです。

「今夜は、セクシーさをアピール」、そんな夜のお顔の装いは、もちろん「唇ぽっちゃり、上唇にMマーク」ですので、お忘れなく。

心の不調は顔の左右差として表われる

顔を真ん中から左右に分けて分析するのが**「非対称」**の理解。**顔が完全な左右対称の人はいない、というのが相貌心理学的見解**です。なぜならば、左右それぞれの顔は「現在」と「過去」を表わし、若干の顔の非対称は、経験によって養われた内面の豊かさを表わすものだからです。

しかしその非対称が、誰が見てもすぐにわかるぐらいの「目の高さの違い」や、「口角の高さの違い」という場合には、内面の**「現状の不具合」**お知らせサインを表わすものとなるのです。

「不具合」と聞くと、ついつい他人の顔に非対称を見つけたくなるのが、人の常。おまけに、分析対象が嫌いな相手ともなれば、顔中が非対称で「不具合の詰め合わせ」に認定したい。わかります、そのお気持ち。

しかし、相貌心理学は目に見える客観的なデータをもとに分析するのが掟《おきて》。勝手な思惑で相手を「不具合認定」では、あなた自身が不具合認定されかねません。

さて、こちらの非対称については、部位や器官と、それぞれのパーツで見ていくことができますが、全体としての理解も可能です。つまりは、右半分の顔と、左半分の顔を全体で見ていくということです。

ここでみなさん、ご自分の顔を自撮りで1枚パシャリ撮影タイム、そして質問です。「写真に写る、ご自分の顔の右半分と左半分、どちらが好きですか？」

相貌心理学では、利き手側が「現在を表わす顔」、利き手側でない側が「過去を表わす顔」になり、もし**利き手側が好きならば、「現状の生活が充実している」**、**利き手ではない側が好きならば、「過去の生活のほうが充実していた」**という理解になります。

仮に過去を表わす側が好きだからといって、悲観することは1ミリもありません。

それよりも、過去と、現在の自分の置かれている環境の違いに、目を向けていただきたいのです。

もしかすると仕事に関すること、人と人とのつながりに関すること……様々な違いが見えてくると思いますが、その違いこそが、まさに現在の生活に足りないもの、つまり「補えば、今が充実するキーワード」になるものなのです。

◇目の高さの違いは「意識散漫」のサイン

目は「知識や情報の受け入れ窓口」でしたね。

左右の目の高さの若干の違いは、あっちの情報もこっちの情報も、見たい、知りたいといった、好奇心の向かう先の拡大を表わし、集めた豊富な情報のなかから、自分にとって必要な情報をきちんと選び取ることができますよ、ということを表わします。

しかし、パッと見てすぐわかるような**目の高さの極端な違いは、好奇心の向く先があっちにこっちにと広がりすぎて意識が散漫状態。自分にとって必要な情報が選べない状態です**ということを表わすのです。

左右の目の高さが大きく違うときには、大切な決断をするのはおススメしません。

まずは頭の中で考えていることをしっかりと可視化して、整理することが大切。つまりは、書き出す。超アナログですが、その効果は絶大です。

そして定期的に自分の顔の写真を撮り、目の高さの非対称が緩和されたときが、意識の散漫さが緩和されたとき。つまり自分自身が自分に、「準備オッケー。今なら自分にとって必要なものが選べます」というサインを送っているときなのです。

◇愛情がすれ違っているかも？　鼻の左右差

長きにわたるコロナ禍でのマスク生活。マスクの下に長らく隠されてきた顔の部位、それも鼻の穴ともなると、とりたてて興味はないのが当然といえば当然ですが、**実は愛情の受け入れ窓口である小鼻の非対称は、「愛情の入り口に不具合が発生中」**のサイン。

このサイン、身近な、それも自分にとって大切な人とのコミュニケーションにおいて、「自分が望む愛情」と「現実の愛情」が異なり、バランスが崩れて左右の入り口の形状が異なってしまっているということなのです。加えて、このアンバランスな入り口には、「心の痛み」がもれなくおまけでついてきます。

鼻の穴の非対称が顔に表われたときは、大切な人との関係を見直すとき、話し合うとき。それはお子さんであったり、パートナーであったりと、相手は常に最も身近で、あなたが最も大切に思う人です。

相手に対する考えや思い、その一言一句、すべてを伝えることがいつも正しいとは限りませんが、「相手に伝えたい思いがあるならば、態度で、言葉で伝えなきゃダメ」それが、鼻の穴の非対称があなたに送っているメッセージです。

◇口の非対称は「不器用さん」の表われ

口に非対称がある場合、それは自分の思いをどう伝えたらいいのか、どのように表現したらいいのかがわからない「不器用さん」の表われ。

不器用ゆえに、言葉のチョイスを誤り、相手をイラッと、ムカッとさせてしまうコミュニケーションボールを投げてしまうのです。

たとえば、自分がそんな相手にムカツキボールを投げられれば、こっちだって相手にイラッ・ムカッ返しをお見舞い……。となれば、よくある、永遠に終わらない心地の悪いコミュニケーションの始まりです。

だからこそ、そんな状況下であえておススメしたいのが、**相手のムカツキコミュニケーションボールに対する変化球「優しさ返し」**。

意外な変化球に相手は「ドキッ」。いつもと勝手が違い、どうしていいかわからない相手は、ついついこちらの変化球につられて、自分の投げるボールも変化させてしまうのです。相手のボールを一度変化させたら、勝負はこっちのもの。あとはこちらのペースで進めるだけです。

一方、もし自分の口に非対称がある場合は、「自己表現エクササイズ」の開始です。自己表現は言葉だけではありません。体を動かすダンス、絵を描くこと、フラワーアレンジメントや料理だって、自己表現の一つ。

とにかく自由に、やり方は一つではありません。

「どんな方法でもＯＫ、頭の中にある考えや思いを外に出すことが大切。それが自己表現」。

これが、口の非対称があなたに送っているメッセージです。

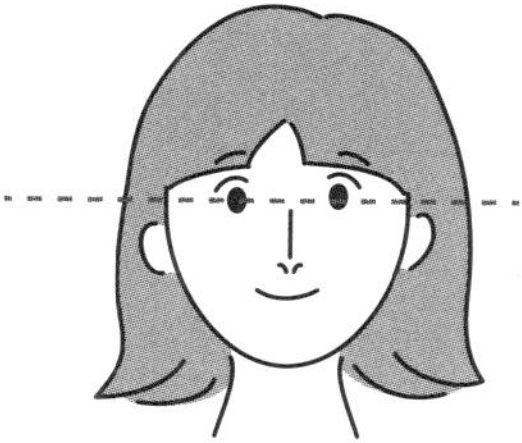

目の高さの違い
→意識が散漫

鼻の穴の形の違い
→大切な人との
関係に心配あり

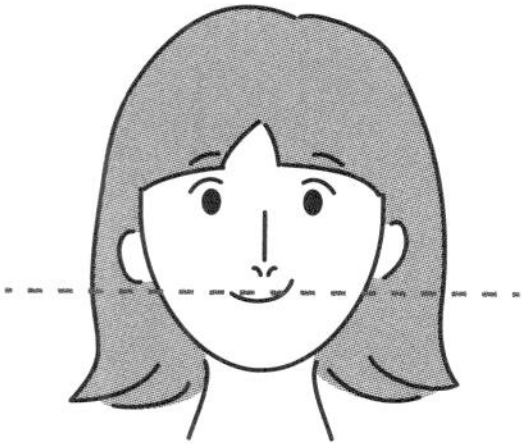

口角の高さの違い
→不器用さん

Column

あの人のお顔を勝手に大分析！

自分を信じられないからこそ金メダル獲得！ 橋本大輝

無駄な体力はこれっぽっちも使わない節約家、それが東京オリンピックの体操男子個人総合の金メダリスト**橋本大輝**《はしもとだいき》選手。

彼の顔は、コンソントレ（集中型）という、**輪郭の中央に目鼻口が集中している**形状で、目鼻口の回りに額縁のような余白が多く残るタイプのことです。

このタイプは、最小限のエネルギー消費で、最大限の自分へのメリットをゴソッとさらっていくのが得意技。

ゆえにビジネスマンによく見られ、**三木谷浩史**《みきたにひろし》**にイーロン・マスク、ジェンスン・フアン**などの名前を例にあげれば、「確かにね」と納得していただけるのではないでしょうか。

加えてこちらコンソントレタイプ、思考や行動が感情に左右されず、印象もどこかクール。しかし、表向きにはクールを装っていても血は煮えたぎり、内なる熱い情熱が、ぼぉ〜ぼぉ〜と火の粉を舞い上げ燃え盛っているのです。

というわけでコンソントレタイプ、相貌心理学では別名を「仮面をかぶった人格」といいます。

輪郭が細い橋本選手ですが、口が小粒なおちょぼ口。これはまさに、**体力をエコモードで消費する**ことを表わすので、体力量が少なくたって、忍耐力・持久力は任せとけ、という具合なのです。

また、**輪郭が細く、肉付きが平坦気味**という特徴は、人とのコミュニケーションが閉鎖的なことを表わします。本来、疑り深く用心深いはずの橋本選手。こちらからずかずかと彼のテリトリーに土足で踏み込もうものなら、シャッターがガシャン。そのシャッターは一生開くことはないでしょう。

そして意外や意外な特徴が、**ツンと尖《とが》った彼の顎先**。この顎先は、自信のなさを表わすもの。つまり、自分との信頼関係がないことの表われなのです。

世界の檜《ひのき》舞台で大活躍、ここまでの成功を収めた彼にして、自分との信頼関係がないとは驚きですが、自分との信頼関係がないことこそが成功の種になることもあるのです。

インタビューで答えた、彼のモットーは「自分を信じる」。

信じるために自分に課すのは、週6日という練習量。

「結局、積み上げた人間が強くなるので」――これも彼の言葉ですが、まさに顎先の形状を代弁しているかのような言葉。

自分を信じられないからこそ、「これでどうだ」、「これがだめなら、あれではどうだ」と、信じられない自分をしらみ潰しにしていく彼。

言い換えれば、**自分を信じられない力があるからこそ、さらに高みを目指す向上心を育める**といえるのです。

感情ゾーンが彼を動かすモーターであるものの、集中型なので褒め言葉は逆効果、「馬鹿にされているのか」とすら思ってしまうタイプです。

しかし、歓喜に包まれた会場に響く彼への声援は別です。彼のモチベーション、ボルテージを一気に上げ、彼が強気になれる源となります。

「自分を信じられない自分」、これこそが、橋本大輝選手が金メダルを手にすることができた強さの源なのです。

第5章

「なりたい自分」になるために〝今すぐできる〟印象操作

「形から入る」は大アリです！

「顔」から「内面」を変える

人は、**自分が満足する見た目になると、自信がつき言動がポジティブな方向に変わるものです。**

前章でも、「お化粧がうまくいった日と、いかなかった日」の例をご説明しました。せっかく、自分の見た目に満足できれば「ポジティブになれる」とわかっているのです。「チャンスの神様は前髪しかない」のですから、目の前に来たチャンスをガシッとつかみ取るためにも、利用しない手はありません。

顔の形状が内面を表わすならば、なりたい自分の内面に紐付けられた顔の形状を自分の顔につくり上げれば、それがそのまま「まわりに与える自分の印象＝なりたい自分」になるのです。

となれば、この効果を活用すべし！

ということで、ここからは相貌心理学の逆算利用の応用編、題して「なりたい自分になるための顔の取扱説明書」です。

さぁ～、なりたい自分はどんな自分ですか？

「知的で、仕事がバリバリできる感じ」？
それとも、「落ち着いた感じ」？
もしくは、「活動的な感じ」？

ご要望は様々あるかと思いますが、まずは、トップバッターの思考ゾーンから始めましょう。

ON／OFFを切り替える

「思考ゾーン」の取扱説明書

キーワード① 知的に見せたいなら「額丸出し」！

「思考ゾーン」とは、その人の知的活動に関して、様々なことを教えてくれるゾーンとなります。

相貌心理学では、思考ゾーンが大きい、つまり額がものすごく広いからといって、「頭がいい」とか「仕事ができる」などとは決して言っておりません。しかし、そうはいってもやはり、知的活動に関するすべてを表わす思考ゾーンの強調は、**「知的な印象」**をまわりに与えることができるのです。

たとえば、額が電球のようにまるまると大きいイメージの「宇宙人」は、数学のテストで23点をとってしまうような顔には見えません。どう見ても満点だろうなという「知的な印象」ではないですか？

思考ゾーンの強調のたとえとして宇宙人を用いるのは、いささか極端かもしれません。しかしながら、知的さのアピールには思考ゾーンを使うのが効果的なのです。

ということで、この**知的さを強調する技が、「額を出す」**。

ものすごく単純な技ではありますが、その効力は絶大。仮に、宇宙人がアイドルのようなクルッとした巻き髪で、前髪も可愛らしくクルンとしていたら、逆に知的さも半減です。

こちらの「額丸出し効力」を裏付けるのが、アイドルの髪型。普段はアイドル活動をされている人が、報道番組などに出る際に、何気に額を出しているのは、まさに額を出していたほうが知的に見えるからにほかなりません。

そしてその逆、**可愛いフリフリのドレスを身にまといながら、おでこ丸出しのアイドルはほとんどおりません**。アイドルというご職業は、ファンの気持ちに寄り添う「フレンドリーさ」を前面に押し出しています。それが知的さのアピールよりも重要だからです。となれば、額を隠すのは当然です。

ということで、「知的に見せたい」とお思いのみなさん、**迷うことなく、とにかく額を出す**のが手っ取り早い印象操作です。

そして、生え際が後退しているみなさん、どうか自信をもって胸を張ってください。髪の毛がふさふさの隣のあの人よりも、あなたは断然「知的に見えている」のです。

キーワード② 「親しみやすさ」はメガネでつくる

「メガネは顔の一部です」は、まさにその通り。

なぜなら、メガネの形状は目の形状と同じ印象をまわりに与えることができるからです。

最近は数千円でメガネが購入できる時代、服を着替える感覚でTPOに合わせてメガネをかけ替えるのも一案。もちろん伊達《だて》メガネだってOK、気分に合わせてかけ替えて、賢く利用です。

普段メガネをかけていて、「メガネは嫌だな……」などとお思いの方も、その考えは今日でおしまい。なぜなら、**メガネほど手軽で、かつインパクトも効果も絶大な印象操作アイテムはない**からです。メガネをかけなくてはならない状況のあなたこそが、実は正真正銘ラッキーパーソンなのです。

それに、メガネならメイクと違って男性も活用しやすいです。

そう考えると、**これからのメガネ選びにおいては、「好み」ではなく、「どう自分を見せたいか」を基準に選ぶ**のが断然おススメなのです。

ということで、見せたい自分を演出する最高のメガネ選びは、こちらです。

まずは**「メガネのフレーム」**からスタート。

相貌心理学では、曲線もしくは太い線は、顔の豊富な肉付きと同じ解釈となり、「おおらかさ」や「若々しさ」を表わすものとなります。したがって、曲線や太い線が顔の構成要素にあれば、まわりに与える印象も同様なものになります。

たとえば、子どもたちが大好きなキャラクターや動物（アンパンマンやドラえもん、パンダなど）の顔には決まって曲線が多いことを見れば、ご納得いただけるのではないでしょうか。

一方、細い線や直線は平坦な肉付きと同じ解釈となり、「神経質さ」や「内面の成熟」を表わします。したがって、まわりに与える印象もどこかクールで、大人っぽい感じとなるのです。

この線の理解をメガネのフレームに置き換えて考えてみると、**フレームの太いものは若々しい「親しみやすい印象」を、メタル製などの細いものは大人っぽい「しっかりした印象」**をつくることができるのです。

次に**「メガネの目尻」**も重要です。

目尻の形状は、実際の目尻の上がり下がりが表わす内面と同様の印象をつくることができます。

「意志の強さ」「自己主張」をアピールしたいならば、メガネの目尻は上がり気味のものを、「まわりの意見を聞く柔軟性」をアピールしたいならば、下がり気味なものを選べばよいのです。

そして、忘れてはいけないのが、**「メガネのレンズの大きさ」**です。

フレームの太さ

太い
親しみやすい

細い
しっかりしている

目尻

下がり気味
柔軟性

上がり気味
意志の強さ

レンズの大きさ

大きく丸い
好奇心旺盛

細くスリム
知的・冷静

なぜならレンズの大きさは、目の開き具合と同様の印象をまわりに与えるから。つまり**「大きめのレンズ＝パッチリ開いた目」**は**「好奇心の旺盛さ」**を表わし、積極的に情報を取り入れる形状が「誰でも分け隔てなく受け入れる寛容さ」といった印象をつくるのです。一方、レンズの**「幅が狭い＝細い開き具合の目」**は、**「自分の価値観でしっかり選びたい」**という知的さや冷静さを表わすので、「冷静さ」「手厳しさ」といった印象をつくります。

コミュニケーションがメインの仕事の方には、「あなたのお話、なんでもお聞きします」というアピール要素が詰まった、たとえば丸みがある幅広のフレーム、目尻は下がり気味、かつ大きめのレンズなどがおススメです。

また、目尻が上がったきつい印象の方も、目尻が下がったメガネをかけることで、寛容性を補うことができます。

そして、いつも人から雑用などを押し付けられ、断れずにお困りのみなさんは、細いフレームに幅の狭いレンズのメガネで「あなたの言うことはやすやすとは聞きません」といった、「手厳しさ」をアピールすれば、嫌な雑用は一気に回避です。

TPOに合わせて選ぶおススメのメガネ

・久しぶりの友人と楽しくランチ「親しみやすさを演出」
⬇穏やかさと好奇心の旺盛さをアピールする太めで丸みのあるフレーム。情報交換を円滑に行なう姿勢を表わすパッチリ開いた目のような大きめなレンズがおススメ。

・会社で大事なプレゼン「信頼感やデキる人感を演出」
⬇知的さや、ぬかりない情報精査力をアピールする、細め、もしくはメタル素材のフレームと細めのレンズ。さらに、自分の確固たる価値観をアピールする目尻が上がり気味のものがおススメ。

・大好きな人とデート「私が撰んだあなたのこと、全部受け入れたい姿勢を演出」
⬇寛容性をアピールする太めのフレームと、一点集中（＝あなただけを見る）を示す小さめのレンズ、かつ好奇心を示すために形は丸型のものがおススメ。

キーワード③ アイメイクで示す「興味・集中」

大切な商談に打ち合わせ、絶対に合格を勝ち取りたい面接では、「集中力の高さ」でデキる人間をアピールです。

集中力の高さを表わす顔の形状は、「目と目の間が狭い」。ということで、この形状を顔につくります。

それには、**「アイシャドウの濃い色を瞼のどこに塗るか」が要**。

目の錯覚を利用し、濃い色のアイシャドウを塗る位置によって目と目の間隔を操作できるのです。

たとえば、目頭に近い位置に濃い色を塗ると、目と目の間隔が狭く見え、目尻に近いほうに塗れば、目と目の間隔が広く見えるのです。

ということで、**集中力をアピールしたいときは、真ん中よりも目頭に近い位置にアイシャドウの濃い色を塗る**。たとえば、こげ茶色などを塗れば、集中力がアップし、

「デキる人」という印象をつくることができるのです。

これとは逆に、「今夜は好奇心の旺盛さをアピール」というとき。好奇心旺盛、つまり「もっとあなたのことを見たい、知りたい、聞きたい」などといったアピールには、濃い色のアイシャドウを真ん中より目尻に近い位置に塗りましょう。さすれば、今夜のヒロインはあなた以外におりません。


メンズコスメの市場参入も着々と進んでいる今日ですが、男性が女性同様にお化粧を顔に施すのにはまだまだ抵抗があるのが現実かもしれません。

これは歴史上、男性の魅力が、「経済力」や「社会的地位」など、容姿とは関係のないものであったから、というのが理由の一つといえますが、人は常に進化する生き物です。

その進化の過程で、メイクの存在理由や価値も、男女逆転する日が来るかもしれませんので、男性のみなさん、もう少々お待ちください。

元気いっぱいをアピールする

「感情ゾーン」の取扱説明書

キーワード① お肌にツヤ感をONで「やる気」もON！

肉付きの項でご紹介いたしましたが（111ページ参照）、肉付きに張りがあれば「元気です」「やる気満々」の証。

つまり**肉付きの張りは、自己のやる気バロメーター**となるものです。

となれば、大切な面接や商談時に、肉付きブニュの張りのなさでは、目の前の相手に「この人、本当に大丈夫かな」と、マイナスな印象を与えかねません。

マイナス要素は未然になくしておくに限ります。

それには、お手元にハイライト用のパウダーもしくはリキッドをご用意ください。

まずはファンデーションでしっかり地ならし。そのあとに、**頬の上のほうにハイライト**を入れて、まるで光が当たっているかのような演出をすれば肉付きプリッの完成です。

オンライン面談ならばさらに好都合。顔に光を当て、肉付きをさらにピカプリです。

世で活躍されている男性の方でも、オイルを顔に塗り込み艶感を出している方がおりますが、狙う効果はやはり一緒で「肌の張り」。これは、肌の張りがまわりに与える印象の大きな効果と、その重要性を理解しているがゆえともいえるのです。

男性のみなさまにも是非、チャレンジしていただきたい、ファンデーションやハイライトなどのメンズコスメ。使用することで、好奇心や向上心が刺激され、内面からの肉付きの張りへのアプローチにもなりますので、おススメです。

まわりに与える印象はこれでバッチリ。だからこそ、「印象と実際が違うな」などと言われないためにも、内面の準備「やる気スイッチ」をONにすることをお忘れなく。内面からの肉付きの張りへのアプローチになり、外と内からの相乗効果で、肉付きはさらにプリップリです。

キーワード② 肌のキメは「たまご以上アンドロイド未満」

「肌のキメの細やかさ」は、繊細さや敏感さを表わすと同時に、美しさの比喩でもあります。よく言うではありませんか、童話のお姫様の肌はたまご肌とか、絹のようだとか。これってまさに、お姫様の肌のきめ細やかさと美しさを表わす比喩。そして、肌のキメの細やかさが与える内面の印象も、見た目そのまま「繊細なキメ細やかさ」。

だからといってキメの細やかさが陶器のようにまでなってしまうと、それが表わす内面は「脆さ」です。これでは、まわりに与える印象は、「弱さ」となってしまい、幸薄い印象になることは否めません。

ということで人間のみなさん、ビューティーモードの肌調整は、たまご以上アンドロイド未満がおススメです。

ちなみに肌のキメ細やかさを保つには、日頃のお手入れにも気を配らなければなりません。この行為が、細かいところまで気をつかう、配慮できるというイメージにつながり、肌のキメ細やかさは、まわりに「丁寧な人」という印象も与えます。

男性のみなさんも、「デキる男」を演出したいならば、「男に肌の手入れは必要ない」は時代遅れ。そんな考えは戸棚にしまって、今日からお肌のお手入れを強化です。つやつやのキメ細かい肌にまわりからの反応も変化、この変化がさらにみなさんの内面を刺激し、相乗効果で外・内ともにキメ細やかなワタシ……となるわけです。得することしかありませんので、お試しください。

TPOに合わせたチークの入れ方

・入社初日やプレゼン当日「やる気に満ち溢れたバイタリティーある自分を演出」
↓パールの入った白色のチークを頬の上のほうに入れて、肉付きの張りやプリ感をアピール

・彼の実家にご挨拶や保護者会「温厚で寛容性ある自分を演出」
↓穏やかなピンク色のチークを頬全体に入れ、肉付きのふっくら感アップで柔軟さをアピール

〝頼れる人〟を演出する

「活動ゾーン」の取扱説明書

キーワード① 下重心でもたせる「安定感」

安心感とは、フワフワしていない、「安定」している、ということです。

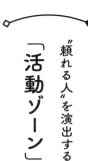

顔の上のほうにインパクトがある、たとえば額が広い、大きいなどの特徴があると、思考活動が現実の出来事よりも想像上のことや理想に重きを置くことを表わします。つまり、「夢見がち」となり、この形状が相手に与える印象も「不安定」となります。

しかし、顎回りがどっしりしているなど、顔の下のほうに**インパクトがあると、思考活動が現実と強い結び付きをもつことを表わし**、想像や思い描く理想も現実味のある安定したものとなります。それゆえに、もちろんまわりに与える印象も「安定」となるのです。

この安定感、誰かと信頼関係を築くときなどにはとっても重要です。フワフワしていて不安定な感じよりも、やはりどっしりしているほうが頼りになりますからね。

そしてこの安定感という頼もしさも、もちろん印象操作でつくり上げることができるのです。

男性は髪型の延長でもある「髭《ひげ》」、それも顎先にちょこんとではなく、輪郭を縁取るような顎髭が、安定感を与えることに使えます。髭がある男性ってなんだか落ち着いた感じがする、というのは、まさに視線が下に向き安定感が感じられるからなのです。

髭が似合う芸能人ランキングに必ず出てくる竹野内豊《たけのうちゆたか》さんですが、髭に縁取られた輪郭の顔と、髭がないときの顔を是非とも見比べてみてください。その顎髭効果を実感していただけるはずです。

一方、髭ワザが使えないのが女性のみなさま。女性はお化粧というアドバンテージがあるものの、髭に関しては少々難しさがあります。

そこで、女性のみなさんにおススメするのが、スカーフなどを首に巻いて視線を下に下げることで、顔の下のほうにインパクトをもたせる方法です。

TPOに合わせた髭のカタチ

・年下の相手とディナーデートや、大切な商談・契約時「落ち着いた大人な自分の演出」

↓輪郭を縁取るような顎髭で、安定感と信頼のアピール

・友人たちとBBQやアウトドアデート「活動的な自分の演出」

↓顎先だけの髭で、活動ゾーンに視線が向くようにアピール。さらに顎のラインはあえて出してアクティブさをより強くアピール

大人な印象

活動的な印象

相手に安心感を与えたい日は、「下重心」を意識して安定感をアピールです。

キーワード② 輪郭見せヘアでアクティブさをアピール

輪郭は体力量を表わすもの。

したがって、輪郭のラインを強調することで、活動的な印象をつくることができるのです。

たとえば髪の毛を下ろしている女性よりも、髪の毛を一つに束ねて顎のラインをしっかり出している女性のほうが活動的に見えるのは、まさにそのためです。

そしてそこに、正面から耳が見えていれば、それは独立心の旺盛さを表わしますから、さらに「勢い」といった印象も加えることができます。

男性でもロン毛で髪の毛を束ねない方がおりますが、アクティブというよりもインドア系、どこかミステリアスなアーティストタイプに見えませんか？　これもやはり、輪郭のラインを見せないことが印象に影響するからです。

こんな飛び道具も！

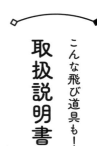

取扱説明書「番外編」

キーワード①「共感力」を印象づけるイヤリング

女性も男性もアクセサリーをうまく使えば、自己マネジメントの幅が広がります。たとえば感情ゾーンのアピールならば、男性ならイヤーカフ、女性なら大きめの、それも曲線が目立った丸型のイヤリングなどをつけるのがおススメです。

視線が自然と感情ゾーンに行き、「感情の豊かさ」や「共感力の高さ」といった印象がつくれるからです。

また、イヤリングのなかには、チェーンやパールが垂れ下がる形状のものもあります。これらは、長さを顎と同じラインにすることによって、視線がアクティブさの強調である顎のラインに行き、活動的な印象を強調してくれます。

キーワード② 服・ネクタイの柄で顔の印象を中和

先ほど、曲線と直線が与える印象についてご説明しましたが、顔の近くにもってくる服の柄も、やはり同様に、印象操作に活用することができます。

顔のつくり（輪郭・目鼻立ち）が、子どもが好きなキャラクターのように丸や曲線が多いならば、あえて細めのストライプなどの服を着ることで、甘さを引き締めることができ、「穏やかで優しそうだけど、しっかりした不雰囲気もある」といった偏りのない印象をつくることができます。

一方、顔のつくり（輪郭・目鼻立ち）が細いならば、水玉柄やお花柄など、曲線がメインの柄を選べば、「手厳しそうに見えるけど、優しい感じもするね」と、こちらも印象のバランスがとれます。

線の形状を活かした印象操作は、服だけではなく、男性ならばネクタイなどの小物づかいにも応用が可能です。

ネクタイならば、色と柄で印象操作をするのがおススメ。

たとえば、暖色系の色のネクタイは「穏やかさ」や「優しさ」といった印象を与えますが、顔のつくりに曲線が多いタイプの人が暖色系のネクタイを選ぶと、「優しすぎる」、つまりは優柔不断な印象となってしまいます。

このような場合は、細いストライプやチェック、幾何学模様などの鋭角や直線を意識した柄を選べば、「穏やかさ」と「厳しさ」のバランスが取れた印象を与えることできるのです。

同様に、顔のつくりに細い線が多いタイプの人ならば、寒色系を選ぶと厳しさの強調になってしまいますので、柄には曲線、たとえば水玉柄やペイズリー柄などを選べば印象のバランスが保てます。

さらに顔に近い襟の形状を利用した印象操作も、効果を発揮します。

襟先が鋭角に尖ったシャツは、直線が与える印象と同様の印象を与えますし、襟先に丸みがあれば、やはり曲線が与える印象と同様の印象を与えます。

無地のシャツならば、色が与える印象と襟の形状が与える印象を組み合わせた印象操作がおススメです。

これらの印象操作で大切なことは、何よりも「楽しむこと」です。

嫌々やっていては、内面が引っ張られるほどの効果は望めず、積極的な行動や発言にはつながりません。

客観的に「私」を見て、楽しみながら「私をどう活かすか」、それが大切です。

「人生」という大舞台に立っているヒロインは、常に「私」。

千里の道も一歩から。一歩を踏み出さねば、10にも100にもなりませんからね。

とにもかくにも、まずは一歩です。

Column

あの人のお顔を勝手に大分析！

「葛藤こそが我が原動力」津田梅子

内に秘める葛藤が大きければ大きいほど、それは計り知れないほど大きな力となって蓄積され、ときには偉業を成し遂げる大きな原動力となることもあるのです。

その抑え込んだ葛藤を、見事に理想実現の原動力にしたのが、新5000円札の肖像に採用された、津田塾大学創設者の**津田梅子**《つだうめこ》です。

彼女の**鼻の脇、頬のあたりには、えぐれたような形状の特徴的な凹み**があります。

この凹み、思春期までの期間、自分が望む愛情が受けられず、「これ以上傷つきたくはない」と心を閉ざし、いち早く大人になることで問題を回避しようとしたことを表わすものなのです。

つまり、幼少期の彼女を取り囲んでいた環境は、悲しいときに泣けない、素直に自分の思いを言うことができないといった、年齢にそぐわない内面の成熟を促すようなものであったということなのです。

1871（明治4）年、岩倉使節団の一行とともにアメリカに向かった満6歳の梅子。彼女の着物には、名前にちなんだ梅、学問を意味する筆、そして上達を意味する軍配《ぐんばい》のきらびやかな刺繍《ししゅう》。このとき梅子が何をどう感じたかは、知る由もありませんが、想像できるのは、国家の期待を背負わされた重圧や不安。大人になった梅子の顔から理解できる彼女の過去は、決して喜びに満ちたものではなかったということです。

さらに、11年もの歳月をアメリカで過ごした梅子を迎えた1882（明治15）年の日本は、女性の社会進出どころか、男性優位の社会。梅子が悲しみと絶望感を抱いて当然という状況。

彼女の頰の凹みが表わす、警戒心がとても強く疑り深い内面。なかなか人を信用しない人格が形成されるのも致し方ないことです。

そして彼女の**眉の上の張り出し**が表わす深い考察力は、相手や状況を細かく精査したい欲求が強いことを表わし、腫《は》れぼったい瞼はカメラの絞り機能同様、モノゴトの重要な部分にフォーカスし、選び取るのが得意なことを表わします。

早い話、彼女にはすべてがお見通し、素晴らしい千里眼の持ち主だったということですが、これらの素晴らしい能力もまた、彼女の置かれた環境がつくり上げた、自らを守る自己防衛の手段だったともいえるのです。

本来、感情ゾーンにインパクトがある彼女は、感情の動向が彼女を動かす原動力となるのですが、頬にえぐれたような凹みがあるため、感情ゾーンは彼女の原動力にはなれず、その代わりに思考ゾーンが原動力を担います。よって彼女の満足の源は、高い理想をさらに高める知識や教養からの刺激。

4回の留学は、彼女にとって日本女性への教育普及という理想をさらに高める、これ以上ない刺激だったのに違いありません。

そして、その高い理想の実現を支えたのが、彼女の独立心の旺盛さと社会的成功欲求、そして何よりも押し込められていた心の葛藤なのです。

偉業とは、並外れた強い意志と実行力がなければ成し遂げられないものです。

彼女にとって、その並外れた実行力を後押しするものは、嬉しい、悲しい、怒りといった単純な感情ではなく、淋しさや悲しさ、そして怒りまでも抑え込むための自己理想の実現、「女性の自立」への集中でした。少しでも気を抜けば、抑え込んだ感情に負けてしまうかもしれません。

だからこそ、自己の欲求までも制御する厳格な人格をつくり上げ、理想実現にひたすら集中するしかなかったのかもしれません。

津田塾大学の前身、女子英学塾開校時の彼女の言葉、「All-round Women 勇気、情熱、志—女性の力が社会を変える」ですが、そのすべてを支えたものこそが彼女の内なる「葛藤」。この葛藤こそが、一人の女性、津田梅子が社会を変えた力だといえるのです。

彼女に、いったいどんな人生がふさわしかったのかは誰にもわかりません。しかし、もし彼女に内なる心の葛藤がなければ、そして弱さを見せずに強く生きることを強いられた境遇がなければ、新5000円札で微笑む婦人は、ほかの女性だったかもしれません。

おわりに

悩んだら「お顔」を見つめ直して

ここまでお読みいただき、ありがとうございます。

この本をお手に取っていただきレジで購入、もしくはネットでポチッとしていただいたということは、きっと何かしらのお悩みがあるのだと推察いたします。

しかし悩みがあるということは、視点を変えてみれば「状況をもっとよくしたい」と、人生を前向きに生きている証拠だと思うのです。

「人生どうでもいいや」なんて思っていたら、悩みなんて思いつきません。

みなさんが「人生をもっとよくしたい」と思うのでしたら、「今、ここにいる私」にもっと興味をもってください。なぜならば、人生をよりよいものにするのは、まぎれもなくみなさん自身の行動にほかならないからです。

「でも、どうしたらいいかわからない」——心配はご無用です。みなさんのお顔には、その答えがちゃんと記されているからです。

あとは、相貌心理学の顔の形状読み取りトリセツを使い、みなさんの顔を読み解くだけ。

「始めてみる」――その小さな一歩を踏み出す行動と気持ちこそが、何よりも大切です。なぜなら、その行動が向上心をさらに刺激し、今日が育むみなさんの明日が、今日よりもっと素晴らしいものになるからです。

相貌心理学は「心理学」と名がついた、一見、小難しそうにも見えるものではありますが、私というフィルターを通した相貌心理学は、特別な人のためのものでも、特別な状況下で使うものでもありません。

何気ない日常生活の何気ない1コマの中で、誰もが楽しみながら活用することができる、みんなのためのものなのです。

ですので、本文中に選んだ言葉や表現は、私の日常、私の言葉そのままです。

「親近感が大」と思われるか、「え～、心理学っぽくなくてガッカリ」と思われるか、ご意見は分かれるところかと思いますが、それでよいのだと思っています。

十人一色ではつまらないですし、いいことばかり言われていては、私の低い鼻が天狗鼻。体裁のいい言葉だけを並べたブゾンであっては、みなさんのお役には立てないからです。

それよりも、いつでもみなさんの傍らで、「大丈夫だから心配はご無用」と、そっと背中を押す存在でいたい。それが私というフィルターを通した相貌心理学なのです。

相貌心理学の知見が、みなさんの笑顔をつくる一助になれば、幸いです。

佐藤ブゾン貴子

本書は、本文庫のために書き下ろされたものです。

顔《かお》はあなたの9割《わり》を語《かた》る

著　者　佐藤ブゾン貴子（さとう・ぶぞん・たかこ）
発行者　押鐘太陽
発行所　株式会社三笠書房
〒102-0072 東京都千代田区飯田橋3-3-1
https://www.mikasashobo.co.jp
印　刷　誠宏印刷
製　本　ナショナル製本

ISBN978-4-8379-3099-0 C0130

本書へのご意見やご感想、お問い合わせは、QR コード、
または下記 URL より弊社公式ウェブサイトまでお寄せください。
https://www.mikasashobo.co.jp/c/inquiry/index.html

王様文庫

王様文庫

いちいち気にしない心が手に入る本

内藤誼人

対人心理学のスペシャリストが教える「何があっても受け流せる」心理学。◎「マイナスの感情」をはびこらせない　◎〝胸を張る〟だけで、こんなに変わる　◎「自分だって捨てたもんじゃない」と思うコツ……etc.「心を変える」方法をマスターできる本！

散歩が楽しくなる身近な草花のふしぎ

稲垣栄洋

いつもの道で出会う個性豊かな植物たちの素顔とは？　◇ヒルガオだって、朝から咲いている　◇「ヒガンバナ」がぴったりお彼岸に咲くワケ　◇「キンモクセイ」の芳醇な香りは〝オスの香り〟？…小さな草花の「生き抜く知恵」に気づかされる植物エッセイ！

週末朝活

池田千恵

「なんでもできる朝」って、こんなにおもしろい！　○「朝一番のカフェ」の最高活用法　○今まで感じたことがない「リフレッシュ」　○「できたらいいな」リスト……週末なら、時間も行動も、もっと自由に組み立てられる。心と体に「余白」が生まれる59の提案。

K30667